Hanspeter Ruch

Im Fluss des Lebens sein

Von der Enge des ICHs zur Offenheit des SEINs

vianova
Verlag Via Nova

Hanspeter Ruch

Im Fluss des Lebens sein

Von der Enge des ICHs zur Offenheit des SEINs

vianova
Verlag Via Nova

1. Auflage 2005
Verlag Via Nova, Alte Landstraße 12, 36100 Petersberg
Telefon: (06 61) 6 29 73
Fax: (06 61) 9 67 95 60
E-Mail: info@verlag-vianova.de
Internet:
www.verlag-vianova.de

Umschlag: Marketing Design Service GmbH, Hamburg
Satz: typo-service kliem, 97647 Neustädtles
Druck und Verarbeitung: Rindt-Druck, 36039 Fulda

ISBN 3-86616-016-X

Inhaltsverzeichnis

Einleitung

Wenn ich mich als kleiner Junge nach Frieden und Geborgenheit sehnte, brauchte ich nicht lange zu suchen. In der Wiese hinter unserem Haus gab es eine grasbewachsene Mulde. An sonnigen Tagen war es da herrlich warm und trocken, und so legte ich mich da gerne hinein. In meiner Mulde fühlte ich mich gut aufgehoben, war zufrieden mit mir und eins mit der Welt. Das pure Glück.

Ich wuchs heran, lernte in der Schule lesen und schreiben und logisch denken. Später brachte man mir bei, mich durchzusetzen und mich in der Welt zu behaupten. Bald erbrachte ich die Leistungen, die man von mir erwartete, und alle waren zufrieden mit mir. Was mir jedoch niemand zeigte, war, was jenseits der Welt des Verstandes liegt und was dieses Mysterium, das wir Leben nennen, überhaupt ist. Auch verlernte ich, für mein Glück zu sorgen, und so verlor ich diesen Schatz, den ich in meiner Mulde einst gefunden hatte.

Später, in meiner Psychotherapeutenausbildung, beschäftigte ich mich eingehend mit mir und ich erkannte, wie prägend die Kindheit und sogar die eigene Geburt fürs spätere Leben sein können. Durch die Versöhnung mit meiner eigenen Geschichte gelang es mir zwar, mich von einengenden Lebensmustern zu befreien und mich auch körperlich wohler zu fühlen. Das Glücksgefühl aus den fernen, sonnigen Kindheitstagen, diesen reinen Zustand der Verbundenheit, ohne Ziel und Absicht, ohne Begrenzung von Raum und Zeit, das erlebte ich nicht mehr. Doch ich sehnte mich sehr danach. Auf meiner Suche probierte ich die verschiedensten psychotherapeutischen Methoden aus, vertiefte mich in spirituelle Themen, reiste um die halbe Welt – jahrelang vergebens. Irgendwann jedoch war es wieder da, mein Glücksgefühl. Wo ich es gefunden hatte? In mir selbst.

Diese Erfahrung lehrte mich vorerst zweierlei: Erstens, das Glück liegt nicht irgendwo, sondern wir tragen es in uns. Zweitens, man kann es nicht festhalten. Versucht man es dennoch, zerplatzt es wie eine Seifenblase. Die dritte, wichtigste, aber auch schwierigste Lektion begriff ich erst später: Um das große Mysterium zu verstehen und mit dem Leben zu fließen – und genau das passiert in diesen Glücksmomenten! – müssen wir die enge Welt des ICHs verlassen und uns öffnen für das wahre SEIN.

Das vorliegende Buch befasst sich mit diesem Aufbruch. Es soll denjenigen Menschen eine Starthilfe bieten, die sich dafür entschieden haben, aus den sich immer wiederholenden Lebensdramen auszusteigen und persönlich und spirituell zu reifen. Mit Lebensdramen meine ich die kräfteraubenden, sich vertiefenden Grundmuster aus Angst, Negativität und Abwehr, die uns schließlich daran hindern, wohlwollend auf die Welt zuzugehen und das Leben mit offenen Armen zu empfangen. Und mit ICH meine ich das Konstrukt, das wir uns im Laufe unserer Geschichte aus unseren Erfahrungen, Neigungen und Mythen zusammengeschustert haben und das wir für unsere wahre Identität halten.

Wer aufbrechen will, muss sich verabschieden. In diesem Sinne möchte ich alle, die in den Fluss des Lebens zurückfinden möchten, dazu einladen, das eigene Selbstbild unter die Lupe zu nehmen und fixe Vorstellungen, die uns immer wieder die Sicht auf die Welt versperren, wegzuräumen. Wenn es uns darüber hinaus gelingt, unsere alten Verletzungen zu heilen, gewinnen wir innerlich Raum, den wir für unser Wachstum benötigen. Dann steht uns die Energie, die wir sonst für unsere Beschäftigung mit dem Negativen und Unvollkommenen aufgewendet haben, für das Gute und Heilsame in uns zur Verfügung. Die Denkanstöße am Ende eines jeden Kapitels sollen dem Lesenden bei der eigenen Standortbestimmung behilflich sein.

Als Psychotherapeut ist mir natürlich bewusst, dass der Inhalt dieses Buches den Rahmen der traditionellen Psychotherapie sprengt. Das war auch meine Absicht. Meine persönliche Erfahrung und meine tägliche Arbeit mit Klienten haben mir gezeigt, dass die Psychotherapie im persönlichen Wachstumsprozess als Gefäß plötzlich zu eng werden kann und wir uns öffnen müssen für die Welt der Spiritualität. Ich persönlich fühlte mich vom tibetischen Buddhismus sehr berührt und folge nun, begleitet von weisen Lehrern, diesem Weg. Das Wissen und die Kraft, die ich dabei erhalte, möchte ich den Leserinnen und Lesern dieses Buches gerne mit auf ihre Reise geben.

Unabhängig von der Philosophie, der man folgt – die Auseinandersetzung mit sich selbst ist eine große Herausforderung. Da wir uns weg vom Altbekannten hin zum Unbekannten bewegen, sind Geduld und Standfestigkeit, Mut und Vertrauen gefragt. Doch es gibt eine gute Nachricht, die wir auch in den stürmischen Zeiten unserer Reise nie vergessen dürfen: Wir alle, egal welcher Religion wir uns zugehörig fühlen, tragen in uns eine universelle Wahrheit, die in sich die Kraft der Erleuchtung birgt. Diese unzerstörbare Quelle, die zu erwecken unsere größte Herausforderung ist, wurde von den Weisen der unterschiedlichsten Traditionen beschrieben und hat daher viele Namen: Im Buddhismus wird sie Buddhanatur genannt, im Hinduismus Atman, im Christentum Gott, im Sufismus die verborgene Essenz und im Islam heißt sie Allah.

Und genau diese Quelle, die ich in den nachfolgenden Kapiteln SEIN nenne, hatte ich damals als Kind auf natürliche Weise berührt. Unsere Aufgabe besteht nun darin, diesen verlorenen Kontakt zu unserem Innersten wieder aufzubauen. Nur wenn wir mit dieser Quelle verbunden sind, können wir von deren Kraft schöpfen und Glück, Frieden, Liebe – all das, wonach wir uns so sehr sehnen – erleben. Die in den folgenden Kapiteln beschriebenen Meditationsübungen sollen dem Lesenden helfen, die Verbindung mit dem SEIN wieder aufzunehmen und dessen Kraft zur Transformation zu nutzen.

Wenn wir einmal unser übergroßes Ego, dem wir im Folgenden als ICH begegnen werden, entmachtet haben, werden wir erkennen, dass wir Teil eines Ganzen sind und dass unser Wandel nicht nur dem eigenen Wohlbefinden dienen wird. Denn nur wenn wir als Einzelperson unsere engherzige Lebensweise ablegen und uns auf Werte besinnen, die das Dasein für alle reich machen, können wir auch als Gemeinschaft fortbestehen und unsere Welt vor der Zerstörung bewahren. Zu diesen Werten gehören Respekt, Verantwortung, Anteilnahme, Verständnis, Mitgefühl und Liebe. Unzählige Theorien über die Wendezeit sind entworfen worden. Ob sie auch eintritt, hängt davon ab, ob wir den Mut haben, unsere Herzen zu öffnen und das spirituelle Wissen – die Weisheit vom SEIN – im Alltag, in unseren Beziehungen, aber auch in der Gesellschaft als Ganzem umzusetzen.

1. Fluss, Stillstand und Wandel

Alle möchten wir glücklich sein und ein erfülltes Leben führen, frei von Leiden. Von unseren Mitmenschen möchten wir geschätzt und als die Person, die wir sind, wahrgenommen und geliebt werden. Um wachsen und uns selber erkennen zu können, sind wir einerseits auf die Unterstützung und Anteilnahme unserer Mitmenschen angewiesen. Andererseits benötigen wir ein fundiertes psychologisches Verständnis, welches es uns ermöglicht, alltägliche Aufgaben zu lösen und Herausforderungen zu meistern. Glauben wir an uns selber und vertrauen wir auf das Gute im Leben, fühlen wir uns aufgehoben und sind sicher in der Welt verankert. Im Wissen darum, dass wir Teil von etwas Großartigem sind, ist es uns ein wichtiges Anliegen, verantwortungsvoll zu handeln und für alles Leben Sorge zu tragen. Tauchen Probleme auf, versuchen wir weder festzuhalten noch gegen diese anzukämpfen. Obschon uns negative Gefühle wie Ängste und Selbstzweifel nicht fremd sind, versuchen wir mit uns selber großzügig zu sein, statt in Dramen und Konflikte einzusteigen.

Mit uns selber im Gleichgewicht gelingt das Leben. Fest mit dem SEIN verbunden, fließen wir. Seelisch offen und geistig weit verfügen wir über viel Kraft und Energie. Klar im Denken und geschickt im Handeln fühlen wir uns ermutigt, auf uns selber zu hören und unseren Weg zu gehen. Ohne Meinungen verfechten oder Prinzipien verteidigen zu müssen, begegnen wir der Welt mit Interesse und Zuversicht. In unserer entspannten Offenheit können wir den Reichtum, den das Leben uns bietet, genießen und uns am Dasein erfreuen.

Die Beziehungen zu uns nahe stehenden Personen sind uns wichtig. Nicht Konflikte und Meinungsverschiedenheiten stehen im Vordergrund, sondern der gegenseitige Respekt, das Verstehen und der Kontakt selber. Darauf bedacht, sowohl für uns selber als auch für unsere

Beziehungen Sorge zu tragen, sind wir bemüht, Probleme anzusprechen, Missverständnisse auszuräumen und füreinander da zu sein. Dadurch, dass wir im Gegenüber einen Freund und Weggefährten sehen und nicht einen Störenfried oder gar Feind, erleben wir Beziehungen als anregend und bereichernd. Genauso wie uns unser eigenes Wohlergehen am Herzen liegt, bewegt uns das Schicksal unserer Mitmenschen.

Das SEIN, die große Unbekannte

Verbunden mit der Welt und mit uns selbst im Reinen, ausgestattet mit einem offenen Geist und einem guten Herzen, sind wir also glücklich. Doch so einfach sich das anhört, so schwierig ist es offenbar doch, glücklich zu sein. Weshalb denn fühlen wir uns manchmal hoffnungslos und deprimiert und fallen scheinbar grundlos aus dem Gleichgewicht? Da hat man Erfolg im Beruf, ist gern gesehener Gast, gebildet und auch psychologisch geschult, und dennoch fühlt man sich niedergeschlagen und ungeliebt. Unser seelisches Wohlbefinden hängt eben weniger von äußeren Ursachen ab als vielmehr von inneren Bedingungen; etwa von der Sichtweise, die wir vom Leben haben, der Art, wie wir mit Problemen umgehen, sowie den Qualitäten, auf die wir uns im Alltag stützen, wie beispielsweise Wissen, Vertrauen, Klarheit, Offenheit oder Mitgefühl. „Es gibt keinen Weg zum Glück, denn das Glück selber ist der Weg." Diese Worte von Buddha Shakyamuni, dem Begründer des Buddhismus, sagen uns, dass wir das Glück weder durch Leistung erzeugen noch durch Fleiß erarbeiten können. Was wir durch unser Tun und Handeln erleben, sind Zustände von Zufriedenheit oder Augenblicke von Glücklichsein, mehr jedoch nicht.

Die Wurzel des wahren Glücks jedoch liegt im SEIN. Doch was ist das überhaupt, das SEIN? Unter diesem Begriff wird die Essenz oder Energie verstanden, die in allen Lebewesen von Natur aus existiert. Einer unzerstörbaren, unerschöpflichen Quelle gleich war das SEIN schon immer in uns vorhanden und wird auch immer in uns sein. Es bildet die Grundlage, welche uns, ohne dass wir es merken, führt und durch alles, was wir tagaus, tagein erfahren, begleitet. Da es mit Worten nicht zu beschreiben ist und auch jenseits unseres normalen Erfassungsvermögens liegt, müssen wir – vielleicht etwas zu technische – Vergleiche zu seiner Veranschaulichung heranziehen: Das SEIN ist wie die Glühlampe im Filmprojektor, deren Licht auf einzelne Bilder fällt, die wir dann auf der Leinwand als Handlung sehen. Oder es ist wie die Sonne, die unsere Welt mit Energie versorgt und die Vielfalt an Leben erst möglich macht. Die Kraft des SEINs zeigt sich uns darin, dass wir Fähigkeiten entwickeln und Schwierigkeiten bewältigen können. Darüber hinaus kommt die Weisheit des SEINs dadurch zum Ausdruck, dass wir in der Lage sind, das Dasein zu transformieren, höhere Energiezustände zu erreichen und unser wahres Wesen zu erkennen. Glück, Friede, Erfüllung und Liebe, das, wonach wir alle suchen, sind das SEIN selber, in seiner reinen, strahlenden und ursprünglichen Form.

Unglücklich sind wir aber nicht wegen unserer Probleme, sondern weil wir die Verbindung zum SEIN verloren haben. Wollen wir dem Glück zur Geburt verhelfen und das Strahlen, die Freude und die Offenheit unseres Herzens erfahren, müssen wir diesen Kontakt wieder aufnehmen und pflegen. Zugang zum SEIN finden wir beispielsweise über die Meditation. Wenn wir bereit sind, loszulassen und unsere Widerstände aufzugeben, können wir den denkenden Geist entspannen. In diesem Zustand der Stille können wir etwas Wunderbares erleben: Vom SEIN selber getragen, fließen wir im Fluss des Lebens. Mit allem verbunden, erleben wir die Fülle des Lebens und kosten den Reichtum des Augenblicks.

Der denkende Geist – der Dauerredner in uns

Das Denken ausschalten, loslassen, nichts tun und nichts wollen – so schwierig kann das nicht sein, oder? Ohne den denkenden Geist wären wir dem SEIN und somit dem Glück tatsächlich ein Stück näher. Doch der denkende Geist ist nun mal da. Und wir brauchen ihn auch. Sein Problem ist nur, dass er immer auf Hochtouren läuft und uns dadurch den Zugang zu unserem Innersten versperrt. Schauen wir uns den denkenden Geist darum etwas genauer an.

Der denkende Geist, auch Verstand genannt, ist ein Teilaspekt des SEINs. Er ist die Instanz, mit der wir uns normalerweise identifizieren und an der wir uns im Alltag orientieren. Seine Fähigkeiten liegen im Organisieren, Planen, Bewerten und Analysieren. Er entwirft Konzepte, schafft Bilder und fällt Urteile. Ohne diese Fähigkeiten würden wir in unserer Gesellschaft keinen Tag überleben. Doch was der denkende Geist auch noch tut, ist, Vorurteile aufbauen, sich an Gedanken und Emotionen klammern, sich nach allen Seiten absichern, Ängste schüren, an Altem festhalten und sich Sorgen um die Zukunft machen. Vierundzwanzig Stunden am Tag. Da er sich kaum zum Schweigen bringen lässt, fällt es uns so schwer, die Stille zu finden, durch die wir das SEIN berühren können. Beziehen wir uns primär auf den denkenden Geist, werden wir dem Mysterium des SEINs nie begegnen, da dieses jenseits der Welt der Worte und des Denkens liegt.

Der denkende Geist ist das Produkt verschiedenster Faktoren. Besonders prägend sind die Erfahrungen, die wir im Laufe unseres Lebens – vor allem als Kinder – gemacht haben, aber auch kulturelle Normen und Werte. Daraus abgeleitet haben wir unsere Hoffnungen und Ängste, Vorlieben und Abneigungen, Überzeugungen und Verhaltensmuster und schließlich unsere Lebensphilosophie und religiösen Ansichten, die sich im denkenden Geist niedergeschlagen haben. Dabei haben nicht nur das Offensichtliche und Fassbare Spuren hinterlassen, sondern genauso – oder sogar noch in stärkerem Maße – das Unausgesprochene und Verborgene. Haben wir beispielsweise als Kind immer wieder zu spüren bekommen, dass wir eigentlich unerwünscht sind, hat uns dies natürlich sehr geschmerzt. Wurde diese Verletzung durch Erfahrungen gleicher Art vertieft, konnte sich daraus ein Lebensskript entwickeln, welches, einmal im denkenden Geist festgesetzt, unser gesamtes Fühlen, Denken und Handeln bestimmt.

Schwierigkeiten im Leben haben wir vor allem deshalb, weil wir uns einseitig auf den denkenden Geist ausrichten, seinen Inhalt für real und seine Botschaften für die absolute Wahrheit halten. Nach Meinung des buddhistischen Lehrers Sogyal Rinpoche ist das ständige Denken mitverantwortlich für unser Unglücklichsein. Statt den denkenden Geist als Werkzeug, das es geschickt zu nutzen gilt, zu schätzen, sind wir in unserer westlichen Kultur dazu übergegangen, das Denken über alle anderen Lebensbereiche zu stellen. So werden schon in der Schule intellektuelle Leistungen ungleich höher bewertet als etwa soziale Kompetenz. Emotionale Intelligenz oder geistige Gesundheit, jene Aspekte also, die nur indirekt das Verdienst des denkenden Geistes, für ein glückliches Leben jedoch unerlässlich sind, zählen in unserer Gesellschaft hingegen wenig.

Konsequenz unserer Verstandeshörigkeit ist, dass wir den Bezug zu unserer Basis, zum SEIN, verloren haben. Nicht umsonst leiden immer mehr Menschen unter Angstzuständen, Depressionen, Sinnkrisen und Problemen mit dem Selbstwert. Dadurch, dass wir uns dem denkenden Geist verschrieben haben, sind wir aus dem inneren Gleichgewicht gefallen. Ironie der Geschichte ist, dass wir den Geist, auf den wir uns auf unserer Suche nach Sinn und Sicherheit verlassen haben, nun in die Schranken weisen müssen, um aus der Orientierungslosigkeit wieder herauszufinden. Denn auf der Suche nach uns selber ist der denkende Geist ein schlechter Wegbegleiter.

Der innere Lebensraum – Architektur des Glücks

Unter dem Einfluss unserer Geschichte und geprägt von unserer Lebensweise, haben wir einen individuell gestalteten, sehr persönlichen Lebensraum geschaffen. Als wir klein waren, war dieser Raum durchlässig, offen und weit. Nicht unter dem Diktat des denkenden Geistes stehend, verfügten wir innerlich über viel Platz. Beweglich in Geist und Körper, war auch unsere Atmung entspannt. Der Welt begegneten wir voller Interesse und erlebten das Dasein als großes Wunder. Obwohl wir auch als Kinder mit Schwierigkeiten und Ängsten konfrontiert wurden, führten diese nicht, von traumatischen Ereignissen abgesehen, zu inneren Verkrampfungen. Dem Ursprung des SEINs nahe, fühlten wir uns lebendig und wach.

Im Laufe unseres Werdens, geprägt von den Erfahrungen und Eindrücken des Lebens, änderte sich dieser Zustand. Abhängig von der Art und Weise, wie wir mit dem Erlebten umgegangen sind, entwickelte sich unser innerer Lebensraum. Waren wir in der glücklichen Lage und konnten die ursprüngliche Offenheit bewahren, verfügen wir auch heute noch über viel Platz und Freude am Leben. Kleinen Kindern gleich, haben wir das Staunen nicht verlernt, und so gehören das Unermessliche und Unfassbare heute noch zu unserer Realität. Hat uns unsere Lebensgeschichte jedoch erstarren lassen, ist unser innerer Raum eng geworden. In unserer kleinen, von Grenzen durchzogenen Welt fühlen wir uns unfrei. Wenn unsere Energien nicht mehr frei fließen können, sind wir emotional gestresst und körperlich angespannt. Um diesen Zustand zu beheben, beginnen wir zu manipulieren. Reflexartig kämpfen wir gegen alles, was uns stört und beengt, was uns fremd ist, dem weichen wir aus. Doch statt uns von unseren Fesseln zu befreien, wird unser Lebensraum auf diese Weise nur noch enger und unfreundlicher.

Irgendwann arrangieren wir uns mit unserem zu kleinen Zuhause und versuchen uns im verfügbaren Raum einzurichten. Lieber verdrängen wir, dass es uns nicht nur an Bewegungsfreiheit, sondern auch an Wärme und Behaglichkeit mangelt, als einmal innezuhalten, um unseren inneren Lebensraum kritisch zu überprüfen. Um schließlich zu ertragen, was grundsätzlich unerträglich ist, unternehmen wir alles, um uns zu beweisen, dass es uns gut geht. Ob Aktivitätswahn, Computersucht, Drogenkonsum oder Kaufrausch – jeder tut, was er kann, um die innere Leere auszufüllen und der Einsamkeit zu entfliehen. Tatsächlich aber können wir unser Unglücklichsein so lange nicht auflösen, wie wir nicht bereit sind, hinzuschauen und die Qualität unseres Lebensraums zu hinterfragen. Symbolisch gesprochen können wir anregende Bilder aufhängen, die Wände neu bemalen oder den Boden mit exotischen Teppichen auslegen, doch der Raum bleibt derselbe. Genauso wenig sind es unsere Ängste und Probleme, die uns so viel Substanz kosten. Hauptverantwortlich für unser Leiden sind unser Festhalten an unserer engen, kleinen Welt und damit verbunden unsere Unfähigkeit, die Freiheit zu wagen und die Gegenwart zu leben. So lange wir die Bedeutung des eigenen Lebensraumes ignorieren und ohne Verbindung mit unserer Basis, dem SEIN, sind, werden wir ständig angespannt und unzufrieden sein. Sind wir mit Menschen zusammen, wünschen wir alleine und ungestört zu sein. Sind wir alleine und ungestört, wissen wir nicht, was wir mit uns anfangen sollen, und sehnen uns nach Abwechslung und anderen Menschen.

Die medizinische Forschung geht davon aus, dass die Ursachen psychischer Probleme wie Depressionen, Angstzustände, aber auch somatischer Beschwerden primär neurologischer Natur sind. Diese Annahme konnte bis jetzt jedoch nicht bewiesen werden – was nicht weiter verwunderlich ist, wenn das SEIN selber ausgeklammert und die Untersuchungen lediglich auf die phänomenale Welt beschränkt werden. Tatsache ist, dass unsere emotionalen Schwierigkeiten und eine Vielzahl somatischer Leiden nicht primär neurochemische Fehlleistungen sind, sondern Ausdruck unserer Unwissenheit und Folge einer verkrampften, ichbezogenen Lebensweise. In anderen Worten: Unsere Probleme sind das, was übrig bleibt, wenn wir den Bezug zum SEIN verlieren, unser Herz verschließen und versuchen, in einem kleinen, engen Lebensraum glücklich zu werden. Der Preis dieses Arrangements ist früher oder später der Verlust der uns innewohnenden Klarheit, Offenheit, Kraft und Weisheit – das, was wir brauchen, um mit dem Leben fließen zu können.

Die Folgen der Enge

Am Anfang steht oft das diffuse Gefühl, nicht wirklich am Leben teilzuhaben. Obwohl wir positive Absichten hegen, macht der Alltag weder Sinn noch Freude, unser Dasein empfinden wir als anstrengend. Es ist, als ob sich ein dunkler Schleier über die Seele gelegt hätte. Die Leichtigkeit, die wir einst hatten, ist nur noch als ferne Sehnsucht vorhanden. Im Versuch, dem Unglücklichsein zu entfliehen, greifen wir zu allen möglichen Mitteln. Viele machen sich nach außen unempfindlich und hart und hören nur noch, was sie hören wollen. Beziehungen und Erlebnisse, die einen berühren könnten, werden tunlichst vermieden. Mit regelmäßigem und zu reichlichem Essen, nächtelangem Fernsehen, exzessiver sportlicher Betätigung, Genuss- und Suchtmittelmissbrauch versuchen wir uns entweder vollends zu betäuben oder aber den Kick zu geben, um zu spüren, dass wir noch am Leben sind.

Angespannter Körper

Sehr oft sind körperliche Probleme auf einen Mangel an Offenheit und Raum zurückzuführen. Weil wir den Alltag als mühsam empfinden, fühlen wir uns häufig müde, energielos und abgekämpft. Man braucht viel Erholung, fühlt sich aber auch nach acht Stunden Schlaf nicht ausgeruht. Oder man findet trotz der Müdigkeit keinen Schlaf. Auch der Energiefluss im Körper wird durch innere Verkrampfung beeinträchtigt. Weil wir ständig Angst vor Unangenehmem und Unvorhergesehenem haben, stehen wir innerlich auf der Bremse. Dadurch engen wir nicht nur unseren Lebensraum noch mehr ein, sondern behindern auch den Strom der Lebensenergien. Es entstehen energetische Blockaden. Diese können zu verschiedensten körperlichen Beschwerden wie Schlafstörungen, Energielosigkeit, Spannungszuständen, Nervosität, Kopfschmerzen oder Verdauungsproblemen führen. Um diese zu beheben, genügt es nicht, Medikamente zu schlucken oder zu hoffen, dass es von alleine wieder gut wird. Betreibt man nur Symptombekämpfung, ist die Gefahr groß, dass sich die innere Platznot wenig später in Form einer anderen Störung Ausdruck verschafft.

Verschwommene Emotionen

Emotionen sind weder positive noch negative Erscheinungen, sondern primär energetische Ereignisse, die in unserem Körper stattfinden. Erleben wir Emotionen als das, was sie sind, können wir ihre Kraft und Energie unmittelbar erfahren und uns darüber freuen. Da wir aber dazu neigen, alles aus der Warte des denkenden Geistes zu betrachten, versuchen wir Emotionen festzuhalten, zu manipulieren und zu bewerten. Aus kraftvollen Emotionen werden dann diffuse Gefühle, die wir in gute und schlechte einteilen und mit bestimmten Namen versehen: Die einen heißen Angst, andere Freude, wieder andere Verzweiflung und noch andere Wut. Solange wir unserem denkenden Geist erlauben, unsere Emotionen abzuschwächen und zu vernebeln, fühlen wir uns kraftlos und schwach. Denn Emotionen besitzen eine große Energie, die wir dazu brauchen, um mit den Herausforderungen des Lebens klarzukommen. Da wir unsere Emotionen aber kaum kennen und ihre Kraft uns Angst macht, setzen wir alles daran, sie gar nicht erst aufkommen zu lassen. Tun sie es dann trotzdem, fühlen wir uns schnell überfordert und bedroht. Statt ihnen Raum zu geben, leisten wir Widerstand. Die Folge: Unser Lebensraum wird noch ein Stück kleiner.

Unkonzentriertes Denken, ungeschicktes Handeln

Wie wir gesehen haben, ist die permanente Betriebsbereitschaft unseres Denkapparates eine der Hauptursachen unserer inneren Enge. Gleichzeitig ist sie aber auch Folge davon – ein Teufelskreis also. Es gehört in unserer Kultur schon zum guten Ton, dass man keine Zeit hat und mit hundert Dingen gleichzeitig beschäftigt ist. Während wir einkaufen, planen wir den Tag oder telefonieren mit Bekannten. Dabei unterläuft uns natürlich ein Fehler nach dem anderen. Doch statt nachsichtig mit uns zu sein, verurteilen wir uns für unsere Ungeschicklichkeit – und unser innerer Stress nimmt noch weiter zu. Nie wirklich anwesend, irgendwo zwischen gestern und morgen, verpassen wir den Augenblick und somit das Leben. Doch das Leben zu verpassen ist doch gerade das, wovor wir solch panische Angst haben. Gelingt es uns nicht, diesen Teufelskreis zu stoppen, fühlen wir uns immer mehr als Opfer unseres täglichen Stresses und erfahren das Leben als Last.

Paradoxerweise finden wir im Nichtstun auch keine Linderung. Im Gegenteil: Die Stille macht uns noch nervöser, weil die Begegnung mit der inneren Leere, die wir ja zu betäuben versuchen, unerträglich wäre. Einfach sein, die Stille des Augenblickes genießen und sich dem Nichtstun hingeben würde unserer gehetzten Seele so gut tun, fällt vielen von uns aber außerordentlich schwer. Irgendwann müssen wir uns schließlich eingestehen, dass wir die nervöse Energie in uns nicht mehr unter Kontrolle haben, weil sie längst ein Eigenleben führt. Eingespannt in ein brutales Zeitregime, das unseren Lebensrhythmus in einen Viertelstundentakt zwängt, ist unsere Bewegungsfreiheit etwa so groß wie die eines Ackergauls vor seinem Pflug.

Unglückliche Beziehungen

Der Mangel an Raum und Offenheit zeigt sich besonders schmerzhaft in unseren Beziehungen. Obwohl wir lieben und uns nach Harmonie sehnen, haben wir Mühe, offen aufeinander zuzugehen und miteinander in Kontakt zu sein. Stattdessen missbrauchen wir unsere Beziehungen für bestimmte, egoistische Zwecke; etwa um unser angeschlagenes Selbstwertgefühl aufzubauen, unseren Wunsch nach Macht auszuagieren, unsere Lebensängste in Schach zu halten oder der Einsamkeit zu entfliehen. Und da uns dauernd unser denkender Geist dreinredet, fällt es uns schwer, unserem Gegenüber urteilsfrei zu begegnen. Aus Angst, die Kontrolle zu verlieren, haben wir zur Abwehr von zu heftigen Gefühlen ein ganzes Arsenal an Vermeidungsstrategien angelegt, wie etwa Misstrauen, Ungeduld, Eifersucht, emotionaler Rückzug oder Kampf. Wagen wir es dennoch, unsere Herzen zu öffnen und uns wirklich berühren zu lassen, stellen wir fest, wie nackt und verletzbar wir sind. Nur wenn wir jetzt dem Reflex widerstehen, zu unserem Schutz sofort zu den Waffen zu greifen, werden wir das gemeinsame Glück auch genießen können. Das Abrüsten bedingt Vertrauen und Wohlwollen, doch ohne das werden aus lebendigen, fruchtbaren Beziehungen früher oder später enge, kalte Gebilde, in denen die Liebe nicht gedeihen kann.

Denkanstöße

- *Wie ist mein Lebensraum? Ist dieser offen, weit und freundlich – oder aber eng, klein und unwirtlich?*
- *Trifft das Zweite zu, wie habe ich mich in diesem eingerichtet und welche Strategien benutze ich, um diesen Zustand erträglich zu gestalten?*

- *Welchen Preis bezahle ich für dieses Arrangement?*
- *Welche grundlegenden Eigenschaften lebe ich nicht und welche Fähigkeiten habe ich nie entwickelt?*
- *Wie steht es um meine Lebensfreude und meine Lebensenergie?*
- *Wie geht es mir körperlich? Fühle ich mich vital, kräftig und gesund – oder aber müde, erschöpft und angespannt?*
- *Leide ich an Energiemangel, der es mir schwer macht, Herausforderungen zu meistern und mich für die zentralen Angelegenheiten meines Lebens einzusetzen?*
- *Auf welche Weise erfahre ich meine Emotionen? Wie gehe ich mit diesen im Alltag um?*
- *Hilft mir mein Handeln dabei, Schwierigkeiten zu lösen und mein Leben einfacher und klarer zu machen? Oder ist das Gegenteil der Fall?*
- *Welcher Art sind meine Beziehungen? Sind sie Orte, wo ich mich vertrauensvoll öffnen und mich selber erkennen kann? Wenn nicht, was fehlt mir und was wage ich nicht zu leben?*

In den Fluss des Lebens zurückfinden

Unglücklichsein ist nicht unsere Bestimmung und Unwissenheit nicht unsere wahre Natur. Sie sind die Folge einer Lebenshaltung, die uns von uns selber entfremdet und uns vergessen lässt, wer wir sind. Nehmen wir uns Zeit und untersuchen die Gründe für das Entstehen unseres Unglücklichseins, treten drei Hauptursachen hervor. Erstens fehlt es uns an Offenheit, Mitgefühl, Liebe, Kraft, Klarheit und Wissen. Zweitens haften wir am Negativen und Unvollkommenen, statt das Gute ins Zentrum zu rücken. Und drittens sind wir unfähig, mit uns selber in einem achtsamen, liebevollen Kontakt zu sein. Im Buddhismus, wo die Erforschung des Bewusstseins im Vordergrund steht, werden ebenfalls drei Punkte erwähnt, die wesentlich zum Entstehen unseres Leidens beitragen. Diese sind: Unwissenheit darüber, wer wir sind, blinder Glaube an ein real existierendes Selbst, auch ICH genannt, sowie Festhalten an diesem ICH und allem, was dieses hervorbringt.

Unabhängig davon, welcher Philosophie wir folgen, um aus der inneren Enge wieder in den Fluss des Lebens zurückzufinden, folgende drei Punkte müssen berücksichtigt und in den Heilungsprozess mit einbezogen werden:

- Wir brauchen Mittel, die uns helfen, alltägliche Schwierigkeiten aufzulösen, emotionale Verletzungen zu heilen und mentale Grundmuster, welche wir im Laufe unserer Geschichte entwickelt haben und die uns daran hindern, dem Leben offen und vorurteilsfrei zu begegnen, aufzudecken und loszulassen.

- Eine Hauptaufgabe der von uns ausgewählten Methode ist es, uns beim Abschied unseres alten, engen Lebensgefäßes beizustehen und uns dabei zu helfen, ein weites, wachstumsförderndes aufzubauen. Darüber hinaus benötigen wir Unterstützung, um die Energie, die fest im alten System gebunden war und uns nun plötzlich zur Verfügung steht, sinnvoll für unser Wachstum zu nutzen. Auf unserem Weg darf nicht mehr das Unvollkommene in uns Menschen im Vordergrund stehen, sondern das Gute, die Weisheit und unser Potenzial.

- Wir müssen darin unterwiesen werden, wie wir das ICH entlarven und unser Festhalten an seiner engen Welt erkennen und aufgeben können. Wird uns gezeigt, wie wir uns dem SEIN öffnen und uns von dessen Kraft und Weisheit leiten lassen können, betreten wir einen Pfad, der uns dazu führt, unsere Bestimmung – das Glück – zu leben und uns selber zu erkennen.

2. Die Psychotherapie – Möglichkeiten und Grenzen

Der Bereich der Psychotherapie

Einen Weg, um mit dem Leben ins Reine zu kommen und das verlorene Gleichgewicht wiederzuerlangen, bietet die Psychotherapie. Das Spektrum von Schwierigkeiten, die mit Hilfe einer Psychotherapie aufgelöst werden kann, ist ziemlich breit. Es reicht von generellen Lebensproblemen zu affektiven Störungen (etwa Depressionen und Angstzuständen), über Beziehungskonflikte und somatische Leiden bis hin zu spirituellen Krisen.

Eine Psychotherapie hilft bei der Suche nach den Ursachen von Störungen. Der Klient oder die Klientin wird unterstützt, zurückgehaltene Gefühle und ungelebte Bedürfnisse auszudrücken. Dabei lernt er oder sie, neurotische Verhaltensweisen abzulegen und durch gesunde zu ersetzen. Die positiven Erfahrungen und die Einsichten in die Zusammenhänge zwischen eigenem Verhalten und den erlebten Schwierigkeiten, die in der Psychotherapie gesammelt werden, fördern nicht nur das Selbstvertrauen, sondern führen auch zu einem neuen Lebensgefühl.

Je nach Erfahrung und psychotherapeutischer Ausrichtung der Therapeutin oder des Therapeuten kann eine Therapie in Schwerpunkt und Ablauf stark variieren. So kann in der einen Therapie das Aufdecken unbewältigter Ereignisse in der Vergangenheit im Vordergrund stehen, in einer anderen der Umgang mit energetischen Blockaden. Auch die eingesetzten „Werkzeuge" sind sehr unterschiedlich: Während sich die einen Therapeuten vorwiegend der Sprache als Kommunikationsmittel bedienen, nehmen andere künstlerische Ausdrucksformen zu Hilfe und wieder andere arbeiten mit dem Körper. Doch ob Gesprächstherapie, Psychoanalyse oder körperorientierte Psychotherapie, die folgenden Bereiche müssen in jeder Therapie, will sie Erfolg haben, abgedeckt werden:

Einen geschützten Beziehungsraum schaffen

Am Anfang jeder Therapie steht die Beziehung zwischen TherapeutIn und KlientIn. Nur in einer wohlwollenden, von gegenseitigem Vertrauen getragenen Atmosphäre ist es möglich, verborgene Gefühle und intimste Bedürfnisse ans Tageslicht zu fördern und der eigenen Geschichte auf den Grund zu gehen, um sich mit ihr schließlich auszusöhnen. Eine Psychotherapie ist ein Selbstheilungsprozess oder eine Reise zu sich selbst, keinesfalls aber eine Generalüberholung der Seele. In diesem Sinne ist die Aufgabe des Therapeuten die eines Begleiters, der einem auf dem Weg beisteht, das Erleben aber einem selbst überlässt. Es liegt in der Natur einer Therapie, dass wir in dem Moment, wo wir uns öffnen und unsere Aufmerksamkeit von der Außenwelt weg nach innen richten, plötzlich völlig unbekannten Bereichen begegnen, die uns möglicherweise auch Angst machen. Damit wir solche Erfahrungen verstehen und annehmen können, sind wir auf die Begleitung und Unterstützung der Psychotherapeutin oder des Psychotherapeuten angewiesen. Mit Umsicht, Feingefühl und Sachkompetenz hilft er oder sie uns, Schwierigkeiten zu bewältigen, die tiefere Bedeutung des Erlebten zu begreifen und uns auf dem richtigen Kurs zu halten. Sicher aufgehoben, gelingt es uns, die verschiedenen, bunt zusammengewürfelten Puzzleteilchen, die sich im Laufe unserer Geschichte angesammelt haben und allzu oft zu Stolpersteinen geworden sind, so zu ordnen, dass wir uns darin wieder in unserer Ganzheit erkennen können.

Stehen bleiben und annehmen lernen

Dem Gesetz von Ursache und Wirkung folgend, sind alle Herausforderungen, die wir zu meistern haben, Konsequenz unserer Lebensweise und Ausdruck unserer gelebten und ungelebten Geschichte. Obschon wir nicht bestimmen können, was wir im Laufe unseres Lebens alles durchzustehen haben, sind wir dem Schicksal nicht hilflos ausgeliefert. Denn ob wir glücklich sind und am Leben wachsen können oder aber es uns zermürbt, hängt maßgebend von der Haltung ab, mit der wir diesen Herausforderungen begegnen, und schließlich davon, wie wir mit dem Vorhandenen umgehen. Und das – Haltung und Umgangsweise – haben allein wir in der Hand.

Ob wir wegen Angstzuständen, des Todes eines geliebten Menschen oder eines traumatischen Ereignisses professionelle Hilfe in Anspruch nehmen: In der Psychotherapie lernen wir unsere Schattenseiten anzunehmen und uns mit unseren unterschiedlichen Emotionen anzufreunden. Erst wenn wir uns innerlich entspannen, können wir uns von Ängsten, Verkrampfungen und Negativität befreien. Solange wir nicht bereit sind innezuhalten, sind alle therapeutischen Strategien nutzlos. Heilung, sagt die tibetische Meditationslehrerin Pema Chödrön, stellt sich dann ein, wenn wir allem – Schmerz, Trauer, Elend oder Freude – Raum gewähren und aufhören zu versuchen, irgendetwas loszuwerden.

Die Selbstmeinung korrigieren

Kein gesunder Mensch tritt den Versuch an, mit einem Partner glücklich zu werden, den er nicht gern hat, ja sogar verachtet. Was wir in einer Liebesbeziehung, wenn sie gedeihen soll, als selbstverständlich voraussetzen – Respekt, Zuneigung, Wohlwollen –, fehlt in der Beziehung zu uns selber oftmals in erschreckendem Maße. Wie wollen wir aber jemals glücklich werden, wenn wir uns selber nicht mögen! Obwohl wir der Überzeugung sind, uns gut zu kennen, schlummert in unserem Innersten oft eine schlechte Selbstmeinung. Diese kommt häufig in Stresssituationen oder aber in der Stille in Form subtiler Botschaften zum Vorschein. Das kann sich etwa so anhören: „So wie ich bin, kann man mich nicht lieben“, „Im Grunde meines Kerns bin ich schlecht und verdorben“, „Ich kann mich anstrengen, wie ich will, ich bin und bleibe eine Zumutung oder ein Versager“, „Wenn ich mich öffne und mich auf Beziehungen einlasse, werde ich früher oder später sowieso zurückgewiesen" oder „Das Glück gehört den anderen, die Probleme gehören mir."

Um mit diesen Stimmen aus dem Inneren umgehen zu lernen, müssen wir zuerst wissen, wer da spricht. Das heißt, wir müssen die Existenz unserer geringen Selbstmeinung kennen, erst dann können wir sie als Absenderin der negativen Botschaften entlarven. Wenn wir das nicht tun, glauben wir am Ende, was uns da ständig eingeflüstert wird, und wir lassen unser Glück tagtäglich sabotieren. Wie gewohnt suchen wir Schuldige für unser Unglücklichsein und glauben fest, dass unsere Mitmenschen, die Umstände, ja die ganze Welt um uns herum für unser Scheitern verantwortlich sind. Doch Schuld an der ganzen Misere ist in erster Linie unsere geringe Selbstmeinung, die alle unsere guten Absichten untergräbt. Damit wir dies erkennen können, ist es wichtig, achtsam zu sein und unsere Aufmerksamkeit nach innen zu richten. Nur so sind wir fähig, auch subtile Eindrücke, die unsere Geschichte in uns hinterlassen hat und die uns noch immer beeinflussen, aufzudecken und uns so von ihrer Macht zu befreien.

Mit der eigenen Geschichte Freundschaft schließen

Die Auseinandersetzung mit der eigenen Geschichte ist ein wesentlicher Bestandteil einer Psychotherapie. Dadurch lernen wir die Hintergründe unserer Lebensmuster verstehen und die tieferen Ursachen unserer Schwierigkeiten aufdecken. Erst wenn wir diese Zusammenhänge kennen und uns mit unserer Geschichte versöhnt haben, können wir uns schließlich von den Fesseln unserer Vergangenheit befreien.

Unsere Geschichte beginnt aber nicht, wie häufig angenommen wird, irgendwann in der Kindheit, sondern viel früher. Schon unsere Geburt, ja sogar die Zeit davor haben erste Spuren auf unserem Lebensweg hinterlassen. Alles, was wir ganz zu Beginn unserer Existenz erlebt haben, hat sich tief in unserem Bewusstsein eingeprägt. Wer wir heute sind, was wir vom Leben erwarten und wie wir auf die Welt zugehen, wurde durch das, was wir in den ersten neun Monaten erfahren haben, beeinflusst. Waren wir in der Anfangsphase unseres Werdens unerwünscht, wiederholt Stress und Angst ausgesetzt, dann hat uns dies nicht nur verletzt, sondern auch unser Gedeihen beeinträchtigt. Zu unserem Schutz haben wir unseren Körper unempfindlich gemacht, unser Herz verschlossen und damit unsere Lebensfreude abgestellt. Es ist daher nicht überraschend, dass Personen, die einen schwierigen Start hatten, sich als Erwachsene häufig fremd, leer und einsam fühlen und sich weder spüren noch finden können. (Für ausführlichere Informationen zu diesem Thema möchte ich den Leser auf mein Buch *„Unsere Geschichte – unser Potenzial"* verweisen.)

Das SEIN kennen lernen

Doch das Herzstück einer jeden Therapie muss dem SEIN gehören. Eine Psychotherapie, die das SEIN ausklammert, setzt unserem Wachstum enge Grenzen. Mag sein, dass wir in einer solchen Therapie interessante Erfahrungen machen und sogar aufschlussreiche Erkenntnisse über unser Leben, unser Verhalten und die Hintergründe unseres Werdens gewinnen. Unserem Glück kommen wir aber keinen Zentimeter näher, wenn wir nicht mit unserem SEIN, dem Grund unseres Lebens, in Kontakt treten. Ein Therapeut oder eine Therapeutin darf sich also nicht darauf beschränken, unsere ganze Geschichte durchzuackern und alle emotionalen Regungen und Träume psychologisch zu deuten, ohne uns zu unserem Ursprung selber zurückzuführen und uns mit dem Wesen des SEINs bekannt zu machen. Das ausschließliche Beschäftigtsein mit unseren Ängsten, Minderwertigkeitsgefühlen und anderem Negativen kann sogar dazu führen, dass diese noch an Einfluss gewinnen.

Stellen wir jedoch das SEIN ins Zentrum der psychotherapeutischen Auseinandersetzung und üben wir, negative Emotionen aufzulösen und Schwierigkeiten zu bewältigen, können wir uns der Welt öffnen und unsere Widerstände loslassen. Statt uns ausschließlich mit dem Negativen zu beschäftigen, fördern wir Qualitäten wie Mitgefühl, Klarheit und Großzügigkeit und richten unsere Haltung dementsprechend aus. Der Erfolg einer Therapie kommt dadurch zum Ausdruck, dass sich körperliche und seelische Spannungen auflösen, die Lebensfreude erwacht und wir in die Gegenwart zurückfinden. Letzteres ist von zentraler Bedeutung. Erst wenn wir den Augenblick leben, können wir unseren Lebensraum öffnen, so dass sich unser Herz, die Quelle des SEINs, des Glücks und der Weisheit, voll entfalten kann.

Meine eigene Geschichte

In meine erste ernsthafte Lebenskrise geriet ich, nachdem ich von der Schweiz in die USA umgezogen war, um da mein Psychologiestudium fortzusetzen und mich in körperorientierter Psychotherapie weiterzubilden. Durch den Umzug fühlte ich mich entwurzelt. Alles, was mir bisher Halt und Sicherheit vermittelt hatte, fehlte nun plötzlich. Meiner sonst gut funktionierenden Kontrolle beraubt, geriet in meinem Inneren alles durcheinander und meine Welt drohte zu kollabieren. Plötzlich litt ich unter Existenzängsten, und meine Gedanken und Gefühle wurden immer bedrohlicher und düsterer. Was mir an meinem Zustand besonders zusetzte, war, dass ich den Lärm in meinem Kopf nicht abschalten und zur Ruhe kommen konnte. Gleichzeitig stieß ich in der Psychotherapie auf Seiten von mir, die ich vollständig verdrängt hatte, und machte Bekanntschaft mit bisher unbekannten Bewusstseinszuständen. Kurz: Es war alles viel zu viel für mich und ich fürchtete, verrückt zu werden.

Für die Bewältigung dessen, was ich damals als seelischen Ausnahmezustand betrachtete, suchte ich psychotherapeutische Unterstützung. In der körperorientierten Psychotherapie fühlte ich mich gut aufgehoben. Von meiner Therapeutin ermutigt gelang es mir schließlich, den Gefühlen und wilden Gedanken Raum zu geben. Es war für mich eine große Herausforderung, meine Wut, Ohnmacht und Hilflosigkeit, aber auch den Schmerz über meine tiefe Entwurzelung und seelische Heimatlosigkeit anzunehmen, statt wie gewohnt gegen alles Störende anzukämpfen und zu versuchen, alles Unangenehme schnellstmöglich loszuwerden. Durch diese Änderung meiner Haltung in Richtung

Großzügigkeit und Wohlwollen löste sich nicht nur meine seelische Verkrampfung auf, sondern auch die körperliche Verspannung. Wieder mit dem Leben im Fluss konnte ich loslassen und mein verlorenes Gleichgewicht zurückgewinnen.

Doch dann geschah etwas völlig Überraschendes: Während einer psychotherapeutischen Sitzung im Zustand tiefer Entspannung wurde ich plötzlich von einem inneren Sog erfasst. Meine Wirklichkeit veränderte sich und schien sich aufzulösen. Dabei tauchte ich immer tiefer ein in meine Geschichte und landete schließlich bei den Anfängen meiner Existenz. Mich als Embryo wiederzufinden, damit hatte ich nun wirklich nicht gerechnet. Entsprechend groß waren anfangs meine Widerstände, meinen Wahrnehmungen zu vertrauen. Damals wusste ich noch nicht, dass im Zustand der Regression früheste Lebensphasen wiedererlebt werden können. Auch war mir die Bedeutung unbekannt, die unser Start ins physische Dasein auf unser ganzes Leben haben kann. Im Zustand der Regression erlebte ich die ganze Bandbreite an Emotionen; von tiefster Verzweiflung bis zum höchsten Glück. Dabei sprengte das Erlebte an Qualität und Intensität den vertrauten Rahmen. Wohlbefinden und Zufriedenheit beispielsweise erfuhr ich in der Regression als Zustand höchster Freude und absoluter Glückseligkeit. Alles, was ich war – Körper, Emotionen, Seele –, löste sich dabei auf. Meine gewohnte Identität, mein ICH, hörte auf zu existieren. Einem leuchtenden, strahlenden Energiestrom gleich verwandelte sich mein Dasein und wurde zu einem Pulsieren im unendlichen Raum der Ewigkeit. Man kann den Zustand, den ich erlebte, am besten mit Samadhi oder Paradies bezeichnen.

Dieses Erlebnis half mir, nicht nur meine Vergangenheit zu bewältigen, sondern sollte auch wegweisend in die Zukunft sein. Durch diesen Kontakt mit den Grundlagen meines Daseins wurde meine Sichtweise großzügiger. Krisen und Probleme erlebte ich fortan nicht mehr primär als angstbesetzte Ereignisse, denen ich besser ausweiche, sondern als Chancen, an ihnen zu wachsen. Das Kennenlernen verschiedener Bewusstseinszustände und die daraus gewonnenen Einsichten gaben mir Mut, weckten meine Lebensfreude und festigten mein Vertrauen in das Gute. Von der Vielschichtigkeit und Tiefe dessen, was ich erlebt hatte, berührt, tauchten Fragen nach dem Sinn des Lebens auf. In mir erwachte das Bedürfnis, mehr über das Wesen des SEINs zu erfahren. Dass mit dem Einstieg in die körperorientierte Psychotherapie eine längere Wanderschaft ihren Anfang nahm, die mich an unbekannte Orte führen und mich mit mystischen Traditionen, insbesondere dem tibetischen Buddhismus, in Berührung bringen würde, davon hatte ich damals nicht die leiseste Ahnung.

Denkanstöße

- *Was waren für mich die zentralen Themen in der Psychotherapie? Welche Erkenntnisse habe ich über mein Verhalten und das Leben gewonnen? Wenn ich noch keine Therapie gemacht habe: Was könnten mögliche Themen sein, denen ich gerne mal auf den Grund gehen würde? Gibt es dunkle Stellen in meiner Geschichte, die ich einmal klären sollte?*
- *Hat mir die Therapie geholfen, die Ursachen meiner Konflikte aufzudecken, störende Grundmuster zu erkennen und mich mit meiner Geschichte auszusöhnen?*
- *In welcher Weise hat der in der Psychotherapie eingeleitete Prozess mein Fühlen, Denken und Handeln beeinflusst?*
- *War das SEIN selber ein Thema in der Psychotherapie?*
- *Fühle ich mich heute offener, lebendiger und glücklicher als vor der Therapie?*
- *Wenn ich keine Therapieerfahrung habe: Warum habe ich noch nie eine Therapie gemacht? Weil ich bis jetzt noch keinen Anlass hatte oder weil ich gegenüber einer Psychotherapie Widerstände habe? Wenn Letzteres zutrifft: Welcher Art sind die Widerstände? Was bräuchte ich, um sie abzubauen?*

Krise, Zusammenbruch, Neuanfang

In der Anfangszeit meiner psychotherapeutischen Tätigkeit orientierte ich mich vor allem an den psychologischen Konzepten und therapeutischen Methoden, die ich in meiner Ausbildung gelernt hatte. Doch schon bald gelangte ich aufgrund persönlicher Erlebnisse, aber auch durch die Erfahrung mit meinen Klienten zur Erkenntnis, dass wir uns nicht primär an unseren Problemen orientieren, sondern uns vielmehr mit der persönlichen Lebenshaltung und dem Umgang mit alltäglichen Herausforderungen beschäftigen sollten. Betrachten wir beispielsweise unsere emotionalen Konflikte aus einer offenen, weiten Perspektive, verlieren diese nicht nur an Macht, sondern lösen sich häufig sogar von selber auf.

Schwierigkeiten sind nicht primär Hindernisse, sondern vielmehr Prüfungen. Durch ihr Auftreten werden wir auf uns selber zurückgeworfen. Dies bietet uns die Chance, innezuhalten und uns auf das Wesentliche zu besinnen. Wenn wir Störungen als Ausdruck unseres inneren Zustandes annehmen können, sind sie uns nützliche Wegbegleiter, indem sie uns helfen, zu uns selber zurückzufinden und wieder heil zu werden. Heilung bedeutet für mich aber nicht primär die Überwindung eines Problems. Heilung bezieht sich in erster Linie auf eine Lebenshaltung, die sich durch dreierlei auszeichnet: Erstens, sie orientiert sich am Gesunden; zweitens, sie stellt das Jetzt in den Vordergrund, und drittens, sie räumt der inneren Abrüstung höchste Priorität ein. Heilung und Wachstum können erst eintreten, wenn wir loslassen, unseren denkenden Geist entspannen und allem – Trauer und Freude, Wut und Glück – Raum geben.

Wollen wir in den Fluss des Lebens zurückfinden, müssen wir die kleine Welt des ICHs hinter uns lassen. Erst dann sind wir bereit, uns der unendlichen Weite des SEINs, dem, was sich der begrifflichen Welt entzieht, zu öffnen. Angesichts des bevorstehenden Zusammenbruches des Alten und Vertrauten besteht unsere Aufgabe darin, unser Anhaften loszulassen und uns dem Unfassbaren hinzugeben.

Spirituelle Krisen

Wie es vor bedeutsamen Übergängen häufig der Fall ist, traten auch bei mir die ersten Anzeichen für den Umbruch in Träumen auf. Nacht für Nacht träumte ich von Abschied, Umzug und Neuanfang. Entweder musste ich meine Koffer packen und mit untauglichen Fahrzeugen an schwer erreichbare Orte reisen oder mit ungeeigneten Mitteln ein neues Zuhause aufbauen. Ich wunderte mich über diese Träume, denn ich hatte in meinem Alltag keine Probleme. Doch wie ein roter Faden zog sich die Angst, zu versagen und eine entscheidende Prüfung nicht zu bestehen, durch meine Träume. Nach einer gewissen Zeit griffen diese unangenehmen Gefühle der Nacht auch auf den Tag über. Ich spürte ein latentes Unbehagen, fühlte mich verkrampft und niedergeschlagen. Eine Erklärung für meinen Zustand fand ich aber nicht. Weder konnte ich ihn mit einem Ereignis aus meiner Vergangenheit in Verbindung bringen noch aktuellen Lebensproblemen zuordnen. Wie konnte es sein, dass ich nach fünfzehn Jahren Berufserfahrung als Psychotherapeut, während deren ich mich intensiv mit mir beschäftigt und in die verborgensten Winkel meiner Seele geschaut hatte, vor einer Situation stand, die ich nicht erklären, geschweige denn bewältigen konnte! Ich war am Ende meines Lateins und mein Zustand wurde immer dramatischer. Zu meinem Unbehagen kamen nun auch heftige körperliche Empfindungen. Auf einmal stieg mir Hitze in den Kopf, dann wieder hatte ich ein unerträgliches Brennen in der Brust. Nachts wachte ich oft voller Panik auf und glaubte, sterben zu müssen. Als wäre das nicht schon unheimlich genug, geschah dann etwas völlig Unfassbares: Plötzlich schoss eine unbändige, archaische Kraft von meinem Becken aus wie ein Blitz durch meinen ganzen Körper. Unfähig, diese potente Energie in irgendeiner Weise zu kontrollieren, fühlte ich mich vollständig überfordert und in meiner Existenz bedroht. Ich hatte Angst, von dieser gewaltigen Eruption aufgezehrt zu werden und alles, was mir lieb und wichtig war, zu verlieren. Ich machte mir ernsthaft Sorgen um meine körperliche und seelische Gesundheit, zumal diese Energieschübe nun auch während des Alltags auftauchten und immer heftiger wurden.

Ich steckte also in einer Krise, soviel war mir klar. Womit ich aber überhaupt nicht klarkam, war, dass die gängigen psychotherapeutischen Mittel zur Krisenbewältigung nicht wirkten, sondern, im Gegenteil, alles noch schlimmer machten. Gewohnt, zu kämpfen und mein ICH abzusichern, fiel es mir unglaublich schwer, loszulassen und allem, was da auf mich einstürmte, Raum zu gewähren. Verzweifelt versuchte ich mich gegen den sich in meinem Körper ausbreitenden Energiestrom zu wehren und mein System vor dem drohenden Untergang zu retten. Statt geschehen zu lassen, was geschehen wollte, hielt ich fest und leistete allem hartnäckig Widerstand. In seltenen Augenblicken jedoch, in denen es mir gelang, zu entspannen und Ruhe zu finden, ahnte ich, dass ich dabei war, Grenzen zu überschreiten, und auf etwas Geheimnisvolles, etwas Grundlegendes gestoßen war. Trotz meiner Not und Hilflosigkeit entdeckte ich in meinem Inneren eine Art heiligen Raum, der von der ganzen Erschütterung unberührt blieb. Durch die Stille, die Klarheit und den Frieden, die ich dabei erlebte, konnte ich erkennen, dass der tobende Sturm in mir etwas freigelegt hatte, das jetzt dabei war, zu erwachen.

Dennoch fiel es mir anfangs äußerst schwer, die Krise zuzulassen und den Zusammenbruch des alten Systems anzunehmen. Die Gedanken, Emotionen und Erscheinungen, die mich überfluteten, waren einfach zu fremdartig und zu heftig. Hinzu kam, dass mir das Vertrauen fehlte, dass diese Krise ein Ende haben würde und dass sie nichts als einen ganz normalen Übergang darstellte und nicht, wie ich fürchtete, der Beginn einer schweren Krankheit war. Hilfreich in dieser Phase des Umbruches und der Auflösung war für mich die Unterstützung von Berufskollegen und -kolleginnen, die ihrerseits ähnliche Krisen durchgemacht hatten und mit diesem Phänomen vertraut waren. Rückblickend erkannte ich, dass mir diese Krise eine große Chance für Wachstum und Transformation bot und dass ich mich dank dieser Krise öffnen und mein Leben neu ausrichten konnte. Denn Krisen sind, und dies zu verstehen erachte ich als sehr wichtig, natürliche, reinigende Bewusstseinsvorgänge. Sie helfen uns, unser Festhalten an Konzepten und Meinungen, die wir von uns selber haben, zu hinterfragen und aufzugeben, um so in die Gegenwart zurückzufinden und die Offenheit und Kraft des SEINs unmittelbar zu erfahren.

Energetische Ausbrüche, Visionen, veränderte Sinneswahrnehmungen – was sich anhört wie der Anfang von Wahnsinn, sind häufig Zeichen einer spirituellen Krise. Auch das oben beschriebene Erlebnis war keine „normale“ Lebenskrise, sondern eine spirituelle Krise. Stanislav Grof, Psychiater und Pionier in der Erforschung veränderter Seinszustände, bezeichnet spirituelle Krisen als anspruchsvolle und kritische Ereignisse einer umfassenden persönlichen Transformation. Themen wie der psychologische Tod, Wiedergeburt, Auferstehung, Erinnerungen an frühere Leben, aber auch ekstatische Zustände, Begegnungen mit archaischen Naturgewalten und mythologischen Figuren sind eng mit diesem Phänomen verbunden.

Bei spirituellen Krisen werden Grenzen überschritten und bestehende Systeme aufgehoben. Dadurch kann ein Ausnahmezustand eintreten, der einem psychischen Zusammenbruch gleichkommt. Die Energie, die bei spirituellen Krisen typischerweise erwacht, erschüttert das ICH, also unsere gewohnte Identität, in seinen Grundfesten und führt häufig zu dessen vorübergehenden Aufhebung. Mentale Grundmuster und rigide emotionale Strukturen, die zum ICH gehören, die Seele aber in ihrer Bewegungsfreiheit beeinträchtigen, werden dabei aufgelöst. Auch der denkende Geist, ebenfalls fester Bestandteil des ICHs, wird vorübergehend ausgeschaltet. Dadurch entsteht im fortwährenden Strom der Gedanken eine Lücke. Durch dieses Fenster können wir plötzlich die leere Essenz erkennen, erhalten wir Einblick in das ursprüngliche SEIN. Dieses Ereignis ist in den meisten Fällen so tief greifend und umfassend, dass es im Leben zu einer Neuorientierung kommt.

Spirituelle Krisen treten vor allem dann auf, wenn aufgrund eines einschneidenden Vorkommnisses wie beispielsweise des Verlusts der Arbeit, des Todes eines geliebten Menschen, einer schweren Erkrankung, aber auch überwältigender Freude das innere Gleichgewicht verloren geht und der Weg zurück ins alte System versperrt bleibt. Spirituelle Krisen kündigen sich aber lange vor dem eigentlichen Auslöser an, etwa in Träumen oder körperlichen Symptomen. Häufige Begleitmerkmale sind destruktive Gefühle, unkontrollierte emotionale Ausbrüche sowie fremdartige, verzerrte Empfindungen, die sich nicht in die herkömmliche psychologische Theorie einordnen lassen. Träume, die spirituelle Krisen ankündigen, haben oft Abschied und Neubeginn, Tod und Geburt, Zerstörung und Auferstehung zum Inhalt. Wird die eruptive Energie, die in einer spirituellen Krise frei wird, gebremst oder fehlt ein geeignetes Gefäß, um diese aufzufangen und zu kanalisieren, kann sich diese im Körper in Form heftiger Spannungen manifestieren, die wiederum zu Angstattacken, Migräneanfällen, Atemproblemen, krampfartigen Zuständen und Kreislaufbeschwerden führen können.

Wie die amerikanische Psychotherapeutin Suzanne Segal darlegt, werden in der klassischen Psychiatrie solche Zustände meist als Psychosen diagnostiziert und behandelt. In der Tat ist die Grenze zwischen Psychose und spiritueller Krise oftmals nicht einfach zu ziehen, denn auch eine Psychose zeichnet sich durch veränderte Wahrnehmung, Desintegration der Persönlichkeit und Realitätsverlust aus. Doch Psychosepatienten leiden an einem dauerhaften Abbau der Persönlichkeit, so dass diese Menschen nicht mehr für sich selber sorgen können. Eine spirituelle Krise hingegen ist ein zeitlich begrenzter Zustand, bei dem es zwar auch zu einem Identitätszusammenbruch kommen kann, der aber nur vorübergehender Natur ist. Im Unterschied zur Psychose bergen spirituelle Krisen ein enormes positives Potenzial, das zu entscheidenden Durchbrüchen im Leben und zu körperlicher sowie seelischer Heilung führen kann. Welchen Verlauf die Krise nimmt, hängt stark von der psychischen Stärke der Person, deren Urteilsvermögen und Lebensweise ab.

Werden wir mit veränderten Bewusstseinszuständen konfrontiert und droht unsere vertraute Welt auseinander zu brechen, sind Zurückhaltung und Achtsamkeit geboten. Statt überstürzt zu handeln und das, was aufbrechen und sich manifestieren möchte, zu unterdrücken, sollten wir versuchen, Ruhe zu bewahren und allen Erscheinungen Raum zu gewähren. Es kann in solchen Situationen auch ratsam sein, professionelle Hilfe in Anspruch zu nehmen. Was wir unter allen Umständen vermeiden müssen, ist, vorschnell irgendwelche Schlussfolgerungen zu ziehen oder das Erlebte in der einen oder anderen Weise zu interpretieren.

Nichts als Vergänglichkeit

In unserer westlichen Kultur tun wir uns mit Krisensituationen, insbesondere mit spirituellen Krisen, äußerst schwer. Nach Ansicht der amerikanischen Psychotherapeutin Frances Vaughan, die als Wegbereiterin der Transpersonalen Psychologie gilt, hat unsere Weigerung, veränderte Geistesverfassungen und Erscheinungen anzunehmen, die den Rahmen des Vertrauten sprengen, mit den Wertvorstellungen unserer Kultur zu tun. In der Tat legen wir großen Wert auf materiellen Fortschritt, Spaß und ein bequemes Leben. Eine gesunde Umwelt, Lebensqualität für alle und eine umfassende Weisheit kommen auf der Werterangliste jedoch erst ganz hinten. Auch in der traditionellen Psychotherapie, ebenfalls Kind dieses Geistes, werden mystische Zustände vorschnell pathologisiert oder als Fluchtversuche aus einer unerträglich gewordenen Realität angesehen. Gerade umgekehrt verhält es sich in der Esoterik: Weil ein fundiertes psychologisches Verständnis in den meisten Fällen fehlt oder die Beschäftigung mit diesem Aspekt schlicht abgelehnt wird, werden Wahrnehmungsstörungen oder psychische Schwierigkeiten gerne spiritualisiert und als Anzeichen eines erhabenen Zustandes oder eines bevorstehenden Quantensprunges missdeutet. (Ausführlichere Informationen zum Thema finden sich in den Büchern *„Spirituelle Krisen“* von Stanislav und Christina Grof und *„Der spirituelle Weg und seine Gefahren“* von Christian Scharfetter.)

Wäre uns stattdessen bewusst, dass nichts auf dieser Welt ewig und von Bestand ist, könnten wir viel besser mit Veränderungen im Allgemeinen umgehen und Krisen würden ihre Bedrohung verlieren. Alles – unsere geschaffenen Werte, unsere Umwelt, unser Leben und auch unsere Probleme – ist dem ewigen Rhythmus von Werden, Sein und Vergehen unterworfen. Statt dieser grundlegenden Gesetzmäßigkeit Rechnung zu tragen, neigen wir jedoch gerade angesichts von Krisen dazu, festzuhalten und das, was wir als unsere Existenz betrachten, nach allen Seiten abzusichern. Doch gerade solche schwierigen Lebenssituationen können uns lehren, unsere ICH-Identität und unsere ganze Lebensweise zu hinterfragen. Indem wir unseren Klammergriff um alles, was wir für real halten, lösen, gewinnen wir Raum, und blockierte Lebensenergien beginnen wieder zu fließen. Das Leben als Tanz des SEINs und jeden Augenblick als Ausdruck des Übergangs verstehen, das ist laut Zen-Meister Shunryu Suzuki unsere große Herausforderung.

Die Grenzen der Psychotherapie

Da sich viele Therapiemethoden in erster Linie auf unsere Unzulänglichkeiten fixieren und sich vorwiegend mit dem Aufdecken von Mängeln beschäftigen, statt unser innewohnendes Potenzial zu stärken und die vorhandenen Ressourcen zu fördern, ist die herkömmliche Psychotherapie für Wandel und Transformation ein relativ enges Gefäß. Das Problem dieses psychologischen Verständnisses liegt darin, dass bei dem ganzen Prozess des Analysierens und Forschens wieder der denkende Geist die Oberhand hat. Und genau der versperrt uns ja die Sicht aufs Ganze. Der Bezug zum Unfassbaren, Unendlichen – zum SEIN – wird nicht hergestellt. Darüber hinaus folgt die Psychotherapie einer dualistischen Sichtweise. Diesem Weltbild folgend gibt es angenehme und unangenehme Empfindungen, höhere und niedrigere Gefühle, gesundes und pathologisches Verhalten. Doch wie wir gesehen haben, ist diese Aufspaltung mitverantwortlich für unser Leiden und unsere Unwissenheit. Stattdessen sollten wir lernen, uns an einem dynamischen, ganzheitlichen Verständnis zu orientieren, das alle Erscheinungen mit einbezieht, die untrennbar mit dem SEIN verbunden sind. Solange sich die Psychotherapie auf dieses dualistische Weltbild bezieht, ist es unmöglich, das SEIN in den Selbstheilungsprozess mit einzubeziehen und es als Quelle zu nutzen.

Nicht nur im Weltbild, auch in der Zielsetzung trennen Psychotherapie und Spiritualität Welten. Während die Spiritualität die Aufgabe des ICHs zum Ziel hat, wird der gleiche Prozess in der Psychotherapie als Desintegration der Persönlichkeit gedeutet. Nach Ansicht des amerikanischen Experten für östliche Religionen Georg Feuerstein fehlen in der traditionellen Psychotherapie ein Wissen um eine höhere Wahrheit sowie eine Vorstellung eines transzendenten Bereiches, der über die begrenzte Welt des Verstandes hinausgeht.

Die Begrenztheit des psychotherapeutischen Rahmens kommt dadurch zum Ausdruck, dass sich gegen Ende einer Therapie viele Menschen plötzlich für spirituelle und religiöse Themen zu interessieren beginnen. Von den Fesseln der Vergangenheit und dem Schmerz alter Verletzungen befreit, entkrampft sich die Seele. Es kommt zu einer Art

Pause im gut eingespielten Lebensprogramm. Der Raum, den einst die ganzen Probleme eingenommen haben, steht nun plötzlich frei. Wenn diese delikate Übergangsphase vom Therapeuten nicht erkannt und die Klientin in ihrem Bedürfnis nach spiritueller Weiterentwicklung nicht ernst genommen wird, besteht die Gefahr, dass der in der Therapie in Gang gesetzte Öffnungsprozess wieder zunichte gemacht wird. Damit die erwachte Lebensfreude und Lebendigkeit nicht wieder verloren gehen, ist es entscheidend, dass wir darin unterstützt werden, den Verstand mal beiseite zu lassen und stattdessen dem zu folgen, was wir in unserem Herzen spüren.

Ob wir uns für eine herkömmliche Psychotherapie entscheiden, um bestimmte Probleme zu lösen und mit dem Leben wieder ins Reine zu kommen, oder einer spirituellen Praxis folgen, mit dem Ziel, unsere Lebenshaltung zu ändern und uns selber zu erkennen – entscheidend ist die Einsicht, dass alles, was uns widerfährt, Ausdruck unseres Bewusstseins ist. Oder anders ausgedrückt: Unsere Angst, unser Schmerz, aber auch unser Glück und unsere Freiheit gründen nicht irgendwo in der Außenwelt, sondern sind Spiegel unseres inneren Zustandes.

Dennoch: Die Psychotherapie als fruchtlose Beschäftigung mit dem Ego abzutun ist ebenso falsch wie die Spiritualität als Realitätsflucht zu verteufeln. Beide Bereiche haben ihre Stärken und ihre Grenzen. Einen viel versprechenden Versuch einer Synthese von Psychotherapie und Spiritualität stellt die von Ken Wilber, Stanislav Grof, Frances Vaughan und anderen entworfene Transpersonale Psychologie dar. Anstatt die Psychotherapie und die Spiritualität als unvereinbare Gegensätze zu betrachten, ist es das Ziel der Transpersonalen Psychotherapie, beiden Ansätzen ihren festen Platz einzuräumen und aus beiden Quellen zu schöpfen. Ein zentraler Stellenwert in der Transpersonalen Psychologie kommt dabei dem transpersonalen Selbst zu. Unter diesem Begriff wird die Instanz verstanden, die auch als „innerer Führer" umschrieben werden kann. (Für weitere Informationen zur Transpersonalen Psychologie möchte ich den Leser auf das Buch *„Psychologie in der Wende"* von R. Walsh und F. Vaughan verweisen.)

Denkanstöße

- *Welche seelischen Konflikte konnte ich mit therapeutischer Unterstützung bewältigen, welche emotionalen Verletzungen heilen? Gab es Schwierigkeiten, die sich der Psychotherapie widersetzten und bestehen blieben? Wenn ja, welche und was sind mögliche Ursachen dafür?*

- *Die folgenden Punkte sind wichtige Kriterien bei der Erfolgskontrolle einer Therapie: Wurde mir gezeigt, wie ich das ausschließliche Beschäftigtsein mit Dramen und Problemen aufgeben und mir innerlich Raum schaffen kann? Erhielt ich Unterstützung, wie ich meine Haltung in Richtung Offenheit, Freude, Großzügigkeit, Klarheit und Glück umwandeln und wie ich mit dem Wesen des SEINs vertraut werden kann? Mit anderen Worten, wurde mir geholfen, die Begrenzungen meiner engen, kleinen Welt aufzudecken und Wege zu finden, wie ich aus dieser aussteigen und in den Fluss des Lebens zurückfinden kann?*

- *Ein Problem, mit dem sich die herkömmliche Psychotherapie äußerst schwer tut, ist der Umgang mit den durch den therapeutischen Prozess frei gewordenen Energien. Wurde ich darin unterwiesen, wie ich diese Energien auffangen, umwandeln und in den Dienst meines Wachstums stellen kann?*

- *Erlebte ich gegen Ende der Psychotherapie eine Art Wendepunkt, an dem sich im generellen Befinden sowie der Interessensausrichtung ein Wandel abzuzeichnen begann und der, rückblickend betrachtet, einen Übergang einleitete? Trug die Psychotherapie den veränderten Ansprüchen und neuen Herausforderungen Rechnung? Wenn ja, wie bin ich mit diesen umgegangen und wohin hat mich dieser Prozess geführt?*

3. Vorstellungen, Muster und Mythen

Mit dem Leben in Einklang zu sein ist, wie wir alle wissen, leichter gesagt als getan. An gewissen Tagen fühlen wir uns ausgeglichen und zufrieden. Entsprechend leicht fällt es uns, der Welt offen und freundlich zu begegnen. An anderen Tagen wiederum reicht schon eine kritische Bemerkung, um uns aus der Bahn zu werfen. Solche von der Tagesform abhängigen Schwankungen sind völlig normal und gehören zum Leben. Etwas anderes ist es, sich von Launen leiten zu lassen. Wenn eine klare Linie fehlt, gelingt es uns im besten Fall, ein Problem aus dem Weg zu räumen. Dabei verpassen wir es jedoch, das Wachstumspotenzial, das jeder Tag mit seinen Herausforderungen in sich trägt, zu nutzen. Stattdessen überlassen wir es dem Zufall, wie wir mit Schwierigkeiten umgehen: Wenn Analysieren nicht hilft, versuchen wir es mit spontanem Handeln, wenn Kämpfen nichts bringt, probieren wir es halt mit Rückzug.

Ich muss zugeben, dass auch ich mich in meinem Leben viel zu lange von Launen und Stimmungen habe leiten lassen. Statt mir Gedanken über die Konsequenz meines Handelns zu machen, setzte ich willkürlich die unterschiedlichsten Praktiken und Taktiken ein, Hauptsache, das jeweilige Problem war damit erledigt. Erst nachdem ich meine emotionalen Grundmuster und Reaktionsmechanismen aufgedeckt hatte, konnte ich aufhören, diesen reflexartig zu folgen, und stattdessen differenzierter mit den an mich gestellten Herausforderungen umgehen. Auch musste ich mich fortan nicht mehr latent als Opfer fühlen, was mir wiederum zu einer entspannteren Lebenshaltung verhalf, in der ich mich bestärkt fühlte, in mich hineinzuhören und dem, was ich spürte, zu vertrauen. Doch bis ich diese Instanz gefunden hatte, war es ein weiter Weg.

Richten wir unsere Aufmerksamkeit nach innen und ergründen unser Gewahrsein, dann wird uns bewusst, welch großen Einfluss

Vorstellungen, Erwartungen und Mythen haben. Beispiele? Viele Männer haben die Vorstellung, dass, wer kämpft, auch ans Ziel kommt. Weit verbreitet ist die Erwartung an den Partner, einen glücklich machen zu müssen. Und kaum auszurotten scheint der Mythos, selber unvollkommen, nicht liebenswert und schlecht zu sein. Aus solchen und ähnlichen Vorstellungen, Erwartungen und Mythen ist im Laufe unserer Geschichte das ICH entstanden. Dieses ICH, das wir in diesem Kapitel genauer untersuchen werden, halten wir fälschlicherweise für unsere Existenz, für unsere wahre Identität. Und weil wir meinen, dass es dabei ums Ganze geht, verteidigen wir unser ICH wie die Löwenmutter ihre Jungen. Für unser inneres Wachstum ist das ICH aber hinderlich, denn es versperrt uns den Blick auf unsere wahre Natur. Nach Meinung von Chögyam Trungpa Rinpoche, Lehrer des tibetischen Buddhismus, sind es unsere Unwissenheit und, damit verbunden, unser krampfhaftes Haften am ICH, die uns immer weiter weg von uns selber und immer tiefer in Konflikte und Krisen führen. Diese seelische Entfremdung macht sich nicht nur auf der individuellen Ebene bemerkbar. Auch politische Wirren und gesellschaftliche Spannungen sind im Endeffekt die Folge dieser tiefen Entwurzelung.

Unser Selbstbild – Spiegel des Lebens

Befassen wir uns zuerst mit dem Bild, das wir von uns selber haben. Denn meist ist es unser Selbstbild, das uns das Leben oft unnötig schwer macht – viel mehr als unsere alltäglichen Probleme. Dieses innere Bild bestimmt maßgeblich, was wir denken, wie wir uns fühlen und wie wir handeln. Hinzu kommt, dass unser Selbstbild, das wir nach außen projizieren, auch wieder auf uns zurückfällt. Ob wir der Überzeugung sind, unser Kern sei gut, gesund und heil oder aber schlecht, mangelhaft und verdorben, macht den alles entscheidenden Unterschied, ob wir glücklich sind oder leiden.

Der Buddhismus misst dem Bild, das wir von uns selber sowie von der Welt haben, eine zentrale Rolle zu, denn es bestimmt, ob wir mit dem Leben fließen oder uns verkrampfen und uns gegen Veränderungen jeglicher Art verschließen. Eine ängstliche, abwehrende Sichtweise hält uns in einem niedrigen Selbstwertgefühl gefangen. Ohne Glauben an unsere positive Kraft fällt es uns schwer, Probleme anzunehmen oder uns einfach am Dasein zu erfreuen. Solange wir unsere Haltung uns gegenüber nicht ändern, bleiben wir in der von unserem ICH geschaffenen kleinen Welt stecken, und es bleibt uns nichts anderes übrig, als unsere Not zu beklagen und vom Glück zu träumen.

Zu den Faktoren, welche zum Entstehen einer negativen Selbstmeinung beitragen, gehören alle unbewältigten negativen Erfahrungen und schmerzhaften Eindrücke, die uns geprägt haben und die wir als seelische Altlasten mit uns herumtragen. Auch die Art und Weise, wie wir den Herausforderungen des Lebens begegnet sind und wie wir heute mit diesen umgehen, spielt eine zentrale Rolle. Und als dritter, wichtiger Punkt üben die frühesten Schlussfolgerungen, welche wir aufgrund familiärer Mythen und kultureller Normen über uns selber und den Sinn des Lebens gezogen haben, einen ganz entscheidenden Einfluss aus. Wenn diese Annahmen durch spätere Erfahrungen bestätigt und vertieft wurden, konnten sie sich im denkenden Geist festsetzen und Gestalt annehmen. Als mentale Grundmuster und emotionale Reaktionsweisen leben sie ihre Eigendynamik. Und wir selber haben sie zu unserer Wirklichkeit erklärt.

Haben wir uns, um ein Beispiel zu nennen, als Kind ständig unerwünscht gefühlt, hat uns das unbewusst zur Überzeugung gebracht, wir seien eine Zumutung für unsere Umwelt. Daran glauben wir noch als erwachsene Person, denn diese Gewissheit hat sich im Gedankenstrom festgesetzt und vergiftet in Form subtiler Botschaften unser Selbstbild. Und weil wir uns vor allem mit unserem Selbstbild identifizieren und dieses (Trug-)Bild durch das ICH am Leben erhalten wird, bestimmt es maßgeblich, wie wir uns fühlen. Wollen wir aus diesem Teufelskreis aussteigen, sind wir gefordert, das Bild, das wir von uns haben, und dessen Folgen eingehend zu untersuchen. Die nachstehende Übung trägt dazu bei, die enge Verbindung zwischen Selbstbild und Denken zu veranschaulichen. Sie lässt uns auch erleben, welche – positive wie negative – Kraft unser denkender Geist hat.

Übung

Setz dich auf einen bequemen Stuhl oder lege dich auf eine feste Unterlage. Atme einige Male tief ein und aus. Konzentriere dich dabei auf das Ein- und Ausströmen des Atems. Entspanne alle Muskeln deines Körpers, lass alle Gedanken, Emotionen und Erwartungen los. Verweile einige Momente in dieser Haltung des Nichtstuns und im Zustand der Absichtslosigkeit. Damit ist gemeint, dass es nichts zu erreichen und nichts auszuschließen gibt, sondern nur zu sein und den Augenblick, so wie er ist, anzunehmen. Führe nun die folgenden zwei Visualisationen durch. Beobachte dabei, was in deinem Kopf vor sich geht und was du in deinem Körper wahrnimmst.

- *Stell dir möglichst lebhaft vor, dass du dich wertlos, deprimiert und ungeliebt fühlst, dass du weder emotionalen Halt noch seelische Wärme finden kannst und dein Lebensraum klein, eng und unfreundlich ist. Darüber hinaus malst du dir aus, dass dein Kern oder dein inneres Wesen unvollkommen, schlecht und verdorben ist.*

Nach dieser ersten Übung machst du eine Pause. Lass das Erlebte, insbesondere die unterschiedlichen Gedanken und Gefühle sowie die vorherrschende Stimmung auf dich einwirken. Wenn du einen ausreichenden Eindruck vom Einfluss des minderwertigen, niedrigen Selbstbildes erhalten hast, entspanne dich erneut, bevor du zur zweiten Übung übergehst:

- *Visualisiere dich nun als mächtigen, herrlichen Berg, der in einer wunderschönen Landschaft thront. Oder, wenn dir dieses Bild mehr zusagt, als großen Baum, mit einem starken Wurzelwerk und einer ausladenden, prachtvollen Krone. Du verfügst äußerlich wie auch innerlich über unendlich viel Platz. Es gibt keine Beschränkungen, du kannst dich in alle Himmelsrichtungen unbehindert ausdehnen. In deinem Innern befindet sich ein strahlender Kern, der ganz, heil und vollkommen ist. Fest in dir ruhend, fühlst du dich sicher aufgehoben und mit der ganzen Welt untrennbar verbunden.*

Hast du die zweite Übung ausgeführt, entspanne dich erneut und lass alle Vorstellungen, Eindrücke und Gefühle los. Nach einer weiteren Pause nimm dir Zeit, um in aller Ruhe die beiden Erfahrungen und insbesondere die Wirkungen, die diese in dir hinterlassen haben, zu vergleichen. Was sind die herausragenden Merkmale dieser beiden Bewusstseinszustände? Welchen Einfluss haben diese auf deinen Körper, dein Denken, dein Fühlen und dein Befinden ausgeübt? Welche Atmosphäre haben sie in dir erzeugt und wie lebt es sich darin? Was sind die wesentlichen Unterschiede der beiden Zustände? Und was kannst du aus dieser einfachen Übung für dich und deinen Umgang mit dem Leben lernen?

Das Selbstbild erforschen

Den Tiger zähmen nennt Akong Rinpoche, Lehrer des tibetischen Buddhismus, den Wandel, wenn wir unsere Aufmerksamkeit weg von der Welt der Erscheinungen hin zum inneren Gewahrsein lenken. Auf diese Weise können wir unser Selbstbild kennen lernen und über die Auseinandersetzung mit dessen Inhalt zu uns selber zurückfinden. Erst wenn wir das, was uns ständig im Kopf herumgeht, beobachten, merken wir, dass wir vor allem damit beschäftigt sind, Meinungen und Urteile abzugeben, unseren Standpunkt zu erklären und unser Verhalten zu rechtfertigen. Begegnen wir beispielsweise einer anderen Person, tauchen augenblicklich Vorlieben und Abneigungen, Erwartungen und Befürchtungen, Vermutungen und Vorstellungen auf. Wir verhalten uns gemäß unserem Selbstbild. Ist es positiv, können wir mit Interesse und Wohlwollen auf unser Gegenüber zugehen und erleben Begegnungen als bereichernd. Mögen wir uns aber selber kaum leiden, fühlen wir uns latent minderwertig, gehen wir Beziehungen aus dem Weg. Das Schlimme daran ist, dass dadurch unsere Ängste und Hemmungen zunehmen und unsere Selbstmeinung weiter geschwächt wird.

Doch zum Glück sind wir unserem Selbstbild nicht hilflos ausgeliefert. Einen wichtigen Schritt machen wir schon, indem wir uns mit ihm vertraut und uns seinen großen Einfluss auf unser Wohlbefinden bewusst machen. Dabei sollten wir beachten, dass wir uns gleich zweimal bestrafen, wenn wir schlecht von uns selber denken. Zum einen sabotieren wir unsere eigene Lebensfreude, zum anderen tragen wir ja dieses Zerrbild von uns auch nach außen – und das fällt wie ein Spiegelbild wieder auf uns zurück. So wird unsere Umwelt zu einem Abbild unserer Selbstmeinung. Nehmen wir an, Regula hält sich selber für dumm. Nun unterläuft ihr ein Fehler und sie wird dafür von einem Arbeitskollegen kritisiert. Diese Bemerkung genügt, damit sich Regula angegriffen fühlt und zurückschlägt. Und schon ist Regula in einen Streit verwickelt – schon wieder, denn ähnliche Situationen passieren ihr häufig. Kein Wunder, Regula empfindet ihre Umwelt als feindlich, fühlt sich selber als Opfer und zieht sich immer mehr in ihre kleine Welt zurück. Hätte Regula jedoch eine positive Selbstmeinung, könnte sie die Kritik annehmen und vielleicht sogar über ihr eigenes Missgeschick lachen.

Wer sich selber als Zumutung sieht, eckt an und ist unglücklich und, als wäre das nicht schon genug, fühlt sich oft auch körperlich nicht wohl. Stets ein negatives Bild unseres Selbst vor Augen, fühlen wir uns alles andere als locker und entspannt. Druck und Anspannung führen zu Behinderungen im Energiefluss. Darunter leidet die körperliche Vitalität, wir fühlen uns schlapp und ausgebrannt. In diesem seelisch und körperlich angespannten Zustand sind wir für somatische Beschwerden besonders anfällig. Wollen wir für unser Leben Sorge tragen, müssen wir herausfinden, was wir wirklich sind – jenseits unserer Vorstellungen und Mythen.

Es gibt zig Möglichkeiten, das Selbstbild zu korrigieren. Dabei sind Phantasie, Humor und etwas Spielfreude äußerst hilfreich. So kann man sich zum Beispiel selber Komplimente machen. Diese schreibt man auf kleine Zettel und hängt sie zu Hause an gut sichtbaren Orten auf, etwa am Computer, am Kühlschrank, auf der Toilette, beim Bett etc. Darauf steht beispielsweise „Ich habe ein gutes Herz“ oder „Regula, du bist liebenswürdig“ oder „Ich vertraue mir und glaube an meine Kraft“ oder „Schön, dass es mich gibt“ usw. usf. Solche und ähnliche Botschaften widersprechen dem, was uns das Selbstbild ständig weismachen will, und das ist gut so. Wir können uns auch überlegen, wie wir ein inneres Alarmsystem einrichten können, das uns warnt, wenn die negative Selbstmeinung wieder aktiv wird. Dadurch üben wir, auf die destruktiven inneren Stimmen zu achten, um uns schließlich von deren Einfluss zu befreien.

Denkanstöße:

- *Wenn ich in mich hineinhorche, was für ein Selbstbild taucht dann spontan auf?*
- *Welche Merkmale und Besonderheiten zeichnen es aus, insbesondere seinen Kern?*
- *Ist es positiv oder negativ?*
- *Welche Aspekte von mir halte ich vorzugsweise verborgen und zugedeckt? Welche Seiten von mir lehne ich ab, und welche wage ich gar nicht anzuschauen?*
- *Halte ich Rückschau auf mein Leben – welchen Einfluss hat mein Selbstbild auf meine mentale, soziale, emotionale und körperliche Entwicklung gehabt? Wie hat es meine Lebensweise und wie meine Beziehungen beeinflusst?*

Der Mythos der Unvollkommenheit

In unserer Familie wurden religiöse Themen oder Fragen nach dem tieferen Sinn des Lebens nur selten diskutiert oder höchstens am Rande gestreift. Mit dem Christentum und dessen Lehrmeinung kam ich erst durch den Bibelunterricht in Kontakt. Die zum Teil sehr abenteuerlich anmutenden Lebensgeschichten der verschiedenen Hauptdarsteller interessierten mich brennend, und ich hatte ein großes Bedürfnis, diesen Gott näher kennen zu lernen. Ich nahm seine Präsenz auf meine kindliche Art auch wahr. Doch je mehr ich über den Allmächtigen hörte, umso unbehaglicher fühlte ich mich dabei, bekam ich ein schlechtes Gewissen. Irgendwie ging für mich das Ganze nicht auf. Auf der einen Seite wurde uns dauernd unsere Schuldhaftigkeit vor Augen geführt, auf der anderen Seite beteuerte man uns immer wieder, dass Gott uns alle gleich gern hat. Wie konnte mich Gott aber lieben, wenn ich doch so oft ungezogen war, bestraft werden musste, um mich wieder von neuem zu versündigen? Ich gelangte zum Schluss, dass ich in meinem Innersten böse sein musste und die Liebe Gottes nicht verdiente. Der göttliche Funke, den ich intuitiv in meinem Herzen wahrgenommen hatte, wurde im engen Religionsverständnis, das überall Schuld und Sünde wittert, erstickt.

Der Mythos der Unvollkommenheit ist ein fester Bestandteil unserer abendländischen Denkweise. Demzufolge sind wir Menschen in unserem Kern nicht nur unvollständig, unsere Mängel sind so grundlegender Art, dass wir sie weder auflösen noch überwinden können. Da diese Philosophie in unser Fleisch und Blut übergegangen ist, kommt es uns auch kaum in den Sinn, sie zu hinterfragen. Doch solange wir an diesem Irrglauben festhalten, fehlt uns etwas Grundsätzliches, um glücklich und frei zu werden. Im permanenten Gefühl des Mangels und angetrieben durch die Furcht des Nichtgenügens verheddern wir uns in unserer Suche nach dem Besonderen, dem Außergewöhnlichen, das uns liebenswert macht und unsere Sehnsucht nach der verlorenen Vollkommenheit stillt. Das Fatale daran ist, dass wir uns in diesem rastlosen Aktivismus immer weiter von uns selbst entfernen und uns am Ende verwirrt und heimatlos fühlen. Nach Ansicht des buddhistischen Lehrers Lama Yeshe ist die Basis aller Probleme dieser Welt ein tiefer Mangel an Verbundenheit und der Irrglauben an die menschliche Unvollkommenheit.

Mangel, Makel und Ungenügen

Der Mythos der Unvollkommenheit prägt unseren Alltag in vielfältigster Weise. Wir haben Angst nicht zu genügen, Angst zu versagen, Angst, es nicht zu schaffen, Angst, das Leben zu verpassen. Und warum? Weil wir davon überzeugt sind, fürs Leben von Anfang an unzureichend gerüstet zu sein. Der Glaube an die eigene Unvollkommenheit untergräbt aber nicht nur unseren Selbstwert, sondern erschwert auch unsere Beziehungen. Schließlich ist ja der Partner, die Partnerin mit der gleichen Hypothek belastet. Dementsprechend haben wir ständig etwas auszusetzen. Entweder fehlt es an Einfühlungsvermögen oder an Durchsetzungskraft, dann finden wir, er oder sie sei zu aktiv oder zu passiv, weiß sich nicht zu kleiden oder vertritt in Gesellschaft die falsche politische Meinung. Solange wir der Mangelmentalität nachleben, fällt es uns schwer, unser Gegenüber bedingungslos anzunehmen, so wie sie oder er ist.

Fehler erkennen und korrigieren ist auch das Ziel der traditionellen Psychotherapie. Dies hat auch seine Berechtigung, denn es gibt nun mal psychische Vorgänge, die nicht mehr als gesund angesehen werden können. Die Fähigkeit, Neurosen von normalen psychischen Prozessen zu unterscheiden, ist unerlässliche Voraussetzung jeder therapeutisch tätigen Person. Dennoch bin ich der Meinung, dass die meisten Therapieansätze das Schwergewicht viel zu einseitig auf das Pathologische legen, während das Gesunde und die Förderung der eigenen Ressourcen eher stiefmütterlich behandelt werden. Wie wir bereits gesehen haben, stößt die traditionelle Psychotherapie bei der Krisenbewältigung mit dieser Orientierung vorschnell auf Grenzen, da sie es versäumt, Not leidende Menschen darin zu unterstützen, eine stabile, gesunde Daseinsgrundlage zu schaffen, und ihnen zu helfen, mit dem SEIN vertraut zu werden.

Ähnliches lässt sich auch an der Schulmedizin kritisieren. Statt zuerst die Selbstheilungskräfte des Körpers zu unterstützen, wird gleich von Anfang an medikamentös oder chirurgisch interveniert, um möglichst schnell die Symptome zum Verschwinden zu bringen. Gegen einen sorgfältigen Einsatz medizinischer Behandlungsmethoden, die darauf abzielen, körperliches und psychisches Leiden zu lindern, ist nichts einzuwenden. Doch leider ist die moderne Medizin geradezu besessen vom Mythos der menschlichen Unvollkommenheit. Die Würde und Integrität des Menschen wird dem medizinischen Erfolg unterworfen, sprich der Ausmerzung von Krankheiten. Seelische Vorgänge, die für die Entstehung sowie für die Heilung körperlicher Probleme von zentraler Bedeutung sind, werden jedoch kaum berücksichtigt. Mit dieser mangelorientierten, pathologielastigen Grundhaltung, die den Patienten in erster Linie als Träger einer Krankheit, nicht aber als ganzheitlichen Menschen betrachtet, setzt sich die Medizin selber sehr enge Grenzen.

Abschied von der Mangelmentalität

Versuchen wir also uns so anzunehmen, wie wir sind! Hören wir auf zu glauben, dass das Leben, so wie es ist, nicht gut genug sein kann! Ich muss mir da selber an die Nase fassen, war doch auch ich jahrelang ständig auf der Suche nach dem Haar in der Suppe. Viele Psychotherapeuten sind wie ich damals so betriebsblind, dass sie einem Zustand der Zufriedenheit automatisch misstrauen, getreu nach der Überzeugung, dass, wer glücklich ist, einfach seine Probleme verdrängt. Es musste zuerst eine schwere Krise kommen und meine gut eingespielten Verhaltensmuster außer Betrieb setzen, um erkennen zu können, dass das Suchen selbst eines der größten Hindernisse darstellt. Denn das Suchen, das vom Mythos der Unvollkommenheit angetrieben wird, verhindert, dass wir die Frische des Augenblickes genießen, uns am SEIN unmittelbar erfreuen und das Glück erfahren können. Erst wenn wir Vorstellungen, Erwartungen und Hoffnungen loslassen, hören wir auf, dem Leben unbewusst Widerstand zu leisten. Wenn wir nicht mehr meinen, uns ständig ändern und verbessern zu müssen, fällt auch ein ungeheurer Druck von uns ab. Durch diese allgemeine Entkrampfung gewinnen wir Raum. Und das ist Voraussetzung, dass sich die Quelle des Glücks, die wir alle in uns tragen, entfalten kann.

Der Abschied von der Mangelmentalität beinhaltet aber keinesfalls einen Freipass für jedwedes Verhalten. Die Botschaft dieses Kapitels wäre komplett falsch verstanden, wenn man sich nach dessen Lektüre selbstzufrieden zurücklehnen und sagen würde: „Ich bin, wie ich bin, und so bin ich perfekt.“ Es ist unsere Verantwortung als reife Menschen, unser Verhalten uns und anderen gegenüber selbstkritisch zu überprüfen. Doch zwischen gesunder Selbstkritik und Mangelmentalität gibt es einen grundlegenden Unterschied: Selbstkritik geschieht wohlwollend im Wissen, dass wir im Kern gut sind; die Mangelmentalität hingegen ist ein ständiges An-sich-herum-Nörgeln, getrieben von dem Gefühl, grundsätzlich schlecht zu sein.

Denkanstöße

- *Wie erlebe ich den Mythos der Unvollkommenheit?*
- *In welchen Bereichen meines täglichen Lebens macht sich dieser Irrglaube besonders deutlich und nachhaltig bemerkbar?*
- *Welcher Art ist der Einfluss, den dieser auf mein Befinden, meine Gesundheit, meine Einstellung und meine Beziehungen ausübt?*
- *Auf welche Weise halte ich den Mythos der Unvollkommenheit am Leben?*
- *Was benötige ich, damit ich ihn loslassen kann?*

4. Eine solide Grundlage schaffen

Damit wir die an uns gestellten Herausforderungen meistern und am Leben wachsen können, brauchen wir eine stabile, gesunde Daseinsgrundlage. Doch oft ist der Grund, auf dem wir stehen, äußerst dünn. Dies erfahren wir vor allem in Krisensituationen, wenn die Trugbilder, die wir für unsere Realität gehalten haben, wie ein Kartenhaus in sich zusammenfallen. Um sicher durchs Leben zu gehen, müssen wir uns am SEIN orientieren. Wie wir gesehen haben, bedeutet dies, uns von unserem minderwertigen Selbstbild zu verabschieden und aus der begrenzten Welt des ICHs auszusteigen. Natürlich werden wir immer wieder in die Fallgruben des Egos tappen, doch statt uns für unsere Fehlschläge selbst zu geißeln, sollten wir unseren Weg voller Zuversicht weitergehen. Bleiben wir standfest, können wir Geschick im Umgang mit alltäglichen Problemen entwickeln, das Vertrauen in uns festigen und so eine solide Grundlage schaffen, auf der wir zurück zu uns selber finden können.

In diesem Kapitel werden wir Qualitäten und Werkzeuge kennen lernen, die wir brauchen, um dem Guten zum Durchbruch zu verhelfen. Die Übungen und Anregungen basieren auf meinen persönlichen Erfahrungen. Ganz bewusst habe ich darauf verzichtet, ein Allgemeinrezept abzugeben. Das heißt aber nicht, dass wir alles dem Zufall überlassen sollten. Vielmehr soll jeder und jede sich für seinen oder ihren individuellen Weg entscheiden. Denn diese Entscheidung zu fällen ist bereits Teil des Ziels, geht es doch darum, dass wir lernen, auf uns zu hören und unsere innere Stimme als Instanz auch ernst zu nehmen. Ob sich nun jemand für eine Psychotherapie entscheidet, sich einer spirituellen Tradition anschließt oder einem Lehrer folgt – das Entscheidende ist, dass wir lernen, Negatives aufzulösen und unser Festhalten am ICH zu überwinden, und über das Entwickeln heilsamer Qualitäten den erleuchteten Zustand des

SEINs erlangen können. Einem Pfad zu folgen, den andere Suchende vor uns gegangen sind, bietet uns den großen Vorteil, dass wir von deren Erfahrungen und deren Wissen profitieren können. Doch egal, für welches Vehikel wir uns auch entscheiden, auf dem richtigen Weg zu bleiben ist eine große Herausforderung, die unsere ganze Achtsamkeit erfordert.

Bodhicitta – Die erleuchtete Essenz

Was ist eigentlich unsere Realität? Was dient uns als Richtschnur, an der wir uns beim Bau unseres Lebensfundaments orientieren müssen? Um zu beschreiben, worauf es ankommt, müssen wir uns eines Begriffs aus der buddhistischen Philosophie bedienen: Bodhicitta. Damit wird die erleuchtete Herzessenz verstanden, das reine, ursprüngliche Gewahrsein, das wir alle in uns tragen und das uns mit dem ganzen Universum vereint. Auch in unserer abendländischen Kultur gibt es Begriffe für dieses unfassbare Universelle: Seele, Herz, Liebe oder Gott, um nur einige zu nennen. Doch diese Begriffe sind so schwer belastet – Gott ist zu autoritär, Liebe zu romantisch, das Herz zu anatomisch und die Seele von der Erbsünde befleckt –, so dass ich es vorgezogen habe, unsere erleuchtete Essenz mit dem buddhistischen Namen zu versehen.

Bodhicitta ist eine transzendentale Kraft. Sie wird weder durch unsere Probleme noch unsere körperlichen Beschwerden berührt. Wenn wir uns dieses Schatzes bewusst sind, verlieren unser Leiden und auch ernsthafte Krisen an Bedrohung, denn egal, was passiert, unser Innerstes wird keinen Schaden nehmen. Das heißt natürlich nicht, dass wir Konflikten mit dem Partner oder am Arbeitsplatz gleichgültig gegenüberstehen sollen, da es sich dabei sowieso nur um äußerliche Erscheinungen handelt. Im Gegenteil: Es ist unsere Verantwortung, uns den Herausforderungen des Lebens zu stellen und unsere Probleme zu lösen. Doch das Wissen um die Existenz unserer erleuchteten Essenz ermöglicht uns, auch in Konfliktsituationen wohlwollend, offen und mitfühlend mit uns und unserer Umwelt umzugehen.

Auf dem spirituellen Pfad wird dieser unerschöpflichen Quelle höchste Priorität eingeräumt. Richten wir unser Fühlen, Denken und Handeln danach aus, können wir eine Grundlage schaffen, die es uns ermöglicht, unser Leben zu transformieren und frei zu werden von Negativem und Beengendem. Damit die reinigende, heilende Energie von Bodhicitta in uns erwachen kann, müssen wir den denkenden Geist loslassen und uns dem öffnen, was wir in unserem Herzen spüren. Je enger wir mit dieser Essenz in Kontakt sind, umso mehr treten unsere Mythen und Dramen, die uns das Leben schwer machen, in den Hintergrund, und wir erkennen die wahre Natur des SEINs. Wie wir bereits gesehen haben, wird dieses Unsterbliche in uns in allen Weltreligionen auf die eine oder andere Weise beschrieben. So wie es verschiedene religiöse oder spirituelle Ausrichtungen gibt, existieren unterschiedliche Zugangsformen zu dieser Wahrheit. Im Islam oder dem Christentum steht das Gebet sowie das Studium heiliger Schriften im Vordergrund, in östlichen Traditionen, etwa dem Hinduismus, das selbstlose Dienen und die Hingabe an den Meister, und im Buddhismus ist es die Praxis der Meditation. Da ich mich persönlich dem tibetischen Buddhismus verbunden fühle, möchte ich auf den folgenden Seiten die Meditationspraxis vorstellen.

Denkanstöße

- *Auf welche Grundlage beziehe ich mich im Alltag, und worauf stütze ich mein Dasein?*
- *Ist meine Grundlage ein solider, fruchtbarer Boden, der es mir ermöglicht, Schwierigkeiten zu bewältigen, das Glück zu erwecken und mein Potenzial zu entfalten?*
- *Wenn nicht, was genau fehlt mir dazu?*
- *Spüre ich in mir eine Quelle, aus der ich Kraft und Inspiration schöpfen kann?*
- *Wenn ja, wie kann ich diese nutzen, so dass diese zur Grundlage meines Daseins wird?*

Meditation als Weg

Wie wir bereits wissen, hat der denkende Geist einen nachhaltigen Einfluss auf unser gesamtes Dasein, denn er bestimmt, was wir vom Leben erwarten, wie wir mit Konflikten umgehen, was wir denken. Darum ist es wichtig, wollen wir nicht sein Opfer werden, dass wir lernen, diesen Aspekt unseres Bewusstseins zu ergründen und unseren Verstand mit geeigneten Mitteln für unser Erwachen nutzbar zu machen. Ein solches Mittel ist die Meditation. Sogyal Rinpoche definiert Meditation als Möglichkeit, unseren gestressten Geist, der stets überall und doch nirgends ist, heimzunehmen. Unter Meditation wird nicht nur das Verweilen in einer bestimmten Sitzhaltung verstanden, sondern auch die spirituelle Sichtweise, die es zu festigen und im Alltag umzusetzen gilt. Durch die Meditation können wir die Energie vom Denken abziehen und entspannen. Dadurch gewinnen wir Raum und erfahren Friede, Stille und Einssein. Auf dieser Basis können wir schließlich grundlegende Qualitäten wie Achtsamkeit, Klarheit und Gelassenheit entwickeln und das wahre, unzerstörbare SEIN berühren.

Man unterscheidet zwei Arten von Meditation: die analytische Meditation und das ruhige Verweilen. Mit der analytischen Meditation untersucht man den denkenden Geist und versucht ein klares Verständnis seiner Natur zu erlangen. Beim ruhigen Verweilen, der eigentlichen Sitzpraxis, liegt das Schwergewicht im Loslassen und Nichtstun. Dadurch wird eine Haltung der Achtsamkeit und Klarheit gefördert. Doch ob analytisch oder verweilend – gemäß der tibetisch-buddhistischen Sichtweise bedeutet Meditation, den Geist so zu belassen, wie er ist, ohne etwas abzulehnen, künstlich zu erzeugen oder zu beeinträchtigen.

Genauso, wie uns minderwertige Selbstbilder negativ beeinflussen, haben Bilder mit positivem Inhalt eine wohltuende, heilende Wirkung auf uns. Durch Meditation können wir solche positiven Bilder gezielt einsetzen. Wie im tantrischen Buddhismus, wo die direkte Erfahrung einen hohen Stellenwert hat, benutzen wir zu diesem Zweck Visualisationen. Darunter versteht man den Einbezug der kreativen Imagination, mit dem Ziel, über ein bestimmtes Objekt Eigenschaften und Fähigkeiten in uns zu fördern. Dabei stellen wir uns das Visualisationsobjekt so intensiv vor, bis es klar und deutlich vor unserem inneren Auge erscheint. Wenn wir, um ein Beispiel zu nennen, unter dem Gefühl leiden, im Alltagstrott stecken zu bleiben, hilft uns die Visualisation mit einem weiten Bergpanorama schon weiter, um innerlich wieder freier zu werden. Wenn die Buddhisten ihr Mitgefühl vertiefen möchten, nehmen sie innerlich Zuflucht zu Chenrezig, dem Buddha des Mitgefühls. Diese Methode hilft uns sowohl im Alltag wie auch in der spirituellen Praxis, Negatives zu transformieren und Qualitäten wie Freude, Kraft und Klarheit zu entwickeln. Um die positive Wirkung der Visualisation zu erfahren, führen wir die nachfolgende Übung durch.

Übung

Entspanne dich, wie an anderer Stelle beschrieben. Wenn dein Geist zur Ruhe gekommen ist und du dich gelöst und offen fühlst, führe die nachstehende Visualisation durch:

- *Stelle dich als mächtigen Baum vor, mit einer prächtigen Krone und dicken Wurzeln, die tief ins Erdreich hinabreichen. Oder, wenn dir das Bild besser gefällt, visualisiere dich als stolzen Berg, dem weder Stürme noch Gewitter etwas anhaben können. Weder in dir noch um dich herum gibt es Grenzen oder Hindernisse, nur unendlichen Raum. In deinem Herzen, das heil und vollkommen ist, befindet sich eine strahlende Lichtkugel. Sie ist die Energiequelle, die dich mit allen Eigenschaften versorgt, die du in dir wecken oder fördern möchtest, wie Freude, Entscheidungskraft, Mut, Mitgefühl oder Klarheit. Während du entspannt liegst oder sitzt, beginnt die Energie dieser Quelle dich zu durchströmen, bis jede Zelle deines Körpers mit der gewünschten Eigenschaft angereichert ist.*

Hast du die Übung durchgeführt, mach eine Pause. Vermeide es, dass der denkende Geist die wesentliche Erfahrung der Übung durch sein Analysieren und Psychologisieren verwässert. Nimm dir Zeit und versuche dir darüber klar zu werden, was genau du erfahren und durch deinen Körper wahrgenommen hast. Was war das Besondere? Was kannst du für dein Leben mitnehmen, insbesondere für den Aufbau einer soliden Lebensgrundlage?

Visualisationen sind äußerst potente und vielseitig einsetzbare Werkzeuge. Sie helfen uns, emotionale Verstrickungen zu durchschneiden, negative Grundmuster aufzulösen und ganz allgemein den alltäglichen Stress besser zu bewältigen. Visualisationen sind aber auch ausgezeichnete Mittel, um zu entspannen, innerlich Raum zu schaffen und den Geist klar und frisch zu halten. Wenn wir uns ausgelaugt fühlen, können wir mit der oben beschriebenen Visualisationsmethode Energie tanken und unsere Kräfte erneuern. Besonders hilfreich sind Visualisationen in Krisensituationen, wo wir uns im Kreise drehen und der Verstand einfach nicht zur Ruhe kommen will. Mit etwas Übung können wir Visualisationen auch bei der Bewältigung alltäglicher Probleme wie Nervosität, Gereiztheit oder Schlafstörungen einsetzen. Dazu stellen wir uns vor unserem inneren Auge vor, wie wir am Meer sitzen und uns am grenzenlosen Horizont erfreuen, wie uns die Sonne wärmt und wir von einer strahlenden, reinigenden Kraft durchflutet werden. Diese Kraft wäscht nicht nur alles Negative, Enge und Schwere weg, indem sie das Gute in uns weckt, sie ermöglicht es uns auch, zu fließen und den Augenblick zu genießen.

Ein weiterer zentraler Punkt ist, dass wir über die Visualisationspraxis unseren Blickpunkt verschieben, uns öffnen und unser innewohnendes Potenzial entdecken können. Wenn wir das Leben aus einer weiten Perspektive betrachten, können wir unsere fixen Vorstellungen und Lebensmythen hinter uns lassen. Das Negative verliert an Einfluss, und unsere minderwertigen, niedrigen Selbstbilder verblassen. Mit uns in Kontakt und mit dem Leben in Einklang setzt ein umfassender Wandel ein, der uns sicher im Grund des SEINs verankert und alle Aspekte unseres Lebens auf ganz natürliche Weise transformiert. (Für ausführlichere Informationen zu diesem Thema siehe: Kalu Rinpoche *„Geflüsterte Weisheit“* oder Lama Yeshe *„Wege zur Glückseligkeit“*.)

Über den Energiekörper seelische Störungen heilen

Zusätzlich zu unserem Körper aus Fleisch und Blut existiert gemäß dem höchsten Yoga-Tantra ein feinstofflicher Körper, der Vajrakörper, der unseren physischen Körper umgibt und durchdringt. Er besteht aus Energiezentren (Chakras) und aus tausenden Energiekanälen (Nadis), durch die die so genannten Energiewinde (Prana) fließen. Gemäß der Tantralehre können diese Winde im Energiehauptkanal, der in der Wirbelsäule liegt, gebündelt werden. Dadurch erwacht die im Körper schlummernde Weisheitsenergie (Kundalini). Bei diesem Vorgang, den wir alle im Moment unseres Todes durchlaufen, ist es möglich, den grobstofflichen Körper vorübergehend zu verlassen. Das Erwachen dieser glückseligen Energie ist ein einschneidendes, dramatisches Erlebnis, bei dem die gewohnte Welt des ICHs auseinander bricht und wir Einblick in das wahre Wesen des SEINs, die leere Essenz, erlangen.

Durch psychische Störungen oder traumatische Ereignisse kann es zu Verletzungen im feinstofflichen Körper kommen. Dies geschieht, wenn ein Erlebnis, das uns in unserer Existenz bedroht hat, nicht im bestehenden psychischen System gebunden werden kann, so dass es zu einer seelischen Spaltung kommt. Dabei wird der feinstoffliche Körper zusammengedrückt, mit der Folge, dass der Innenraum eng wird und die Energien sich nicht mehr frei bewegen können. Im feinstofflichen System entstehen Spannungen, und es bilden sich energetische Löcher. Dieses Ungleichgewicht kann sich auf der grobstofflichen Ebene in Form emotionaler und somatischer Störungen bemerkbar machen. Beschwerden, die auf Verletzungen im Energiekörper hindeuten, sind Erschöpfungszustände, Kraftlosigkeit, Probleme mit dem Wärmehaushalt, Empfindungen von Brennen sowie stechende Schmerzen. Auf der emotionalen Ebene sind dies vor allem diffuse Angstzustände, Panikgefühle, dann aber auch die Angst auszulaufen, die Angst zu kollabieren und nicht zuletzt die Angst zu sterben.

Oft werden feinstoffliche Verletzungen übersehen, denn oberflächlich betrachtet macht es den Anschein, als wäre ein bestimmtes Problem nach einer gewissen Zeit bewältigt. Wie ich in meiner psychotherapeutischen Praxis jedoch immer wieder beobachte, bestehen die Verletzungen häufig jahrelang unbemerkt im Energiekörper fort, obschon der Betreffende wieder ganz normal funktionieren kann. Ein Beispiel dafür ist der nachstehende Erfahrungsbericht.

Herrn Kellers Geschichte

Herr Keller war als Elektroingenieur in der Maschinenindustrie tätig. Seit Beginn seiner Anstellung war er in der komfortablen Lage, seine berufliche Position kontinuierlich ausbauen und festigen zu können. Doch plötzlich kam es in der Branche zu Absatzschwierigkeiten und die ganze Firma wurde umstrukturiert. Herr Keller hatte als Vater von drei kleinen Kindern Angst, auf der Straße zu stehen. Groß war die Erleichterung, als er seinen Job halten konnte. Doch dann ging es mit der Firma erneut bergab und schließlich trat ein, wovor er sich am meisten gefürchtet hatte: Er wurde entlassen.

Herr Keller empfand die Kündigung als persönliche Niederlage. Alles, worauf er gebaut und wofür er sich eingesetzt hatte, stürzte wie ein Kartenhaus in sich zusammen. Herr Keller geriet in eine schwere Krise. Er fühlte sich emotional gelähmt, körperlich erschöpft und konnte sich kaum motivieren. Einen Sinn in seinem, wie er meinte, zerstörten Leben sah er nicht mehr. Nachdem die Medikamente, die ihm sein Hausarzt gegen die Depressionen, Angstzustände und Schlafstörungen verschrieben hatte, nichts nützten, begab er sich schließlich in psychiatrische Behandlung. Mit therapeutischer Unterstützung gelang es ihm, sein angeschlagenes Selbstwertgefühl wieder aufzubauen. Mit neuem Mut und Selbstvertrauen machte er sich auf Arbeitsuche. Was aber trotz der Therapie unverändert bestehen blieb, waren Konzentrationsschwierigkeiten, diffuse Schmerzen im Brustraum sowie ein unerklärlicher Mangel an Energie.

Weil diese Symptome ihn in seinem Alltag behinderten, entschied sich Herr Keller für eine körperorientierte Psychotherapie. Bald stellte sich heraus, dass die Ursachen seiner Schwierigkeiten nicht im grobstofflichen Bereich lagen. Die beruflich ungewisse Lage löste zwar eine existenzielle Verunsicherung, Ängste sowie körperliche Anspannung aus, doch damit hatte er umzugehen gelernt. Was hingegen nach wie vor schwer wog, war die Kündigung. Da sie ihn an einem äußerst sensiblen Punkt traf, führte sie zu einem seelischen Schock. Die Kündigung zog also nicht nur den physischen und psychischen Bereich in Mitleidenschaft, sondern schädigte auch seinen feinstofflichen Energiekörper.

Indem Herr Keller mit der Visualisationsmethode vertraut wurde und die weiter unten beschriebene Tonglen-Praxis anwenden lernte, begannen die Spannungen im Energiesystem nachzulassen, und er fand sein inneres Gleichgewicht wieder. Der im feinstofflichen Bereich einsetzende Heilungsprozess übertrug sich auch auf die grobstoffliche Ebene. Es kam zu einer generellen Entkrampfung, die wiederum bewirkte, dass die gestauten Energien erneut fließen konnten. Die emotionalen Probleme und somatischen Beschwerden, Folgen des seelischen Schocks, lösten sich von selber auf.

Die Tatsache, dass die Visualisationspraxis über das Denken hinausgeht, macht sie zu einem geeigneten Instrument, um subtile Verletzungen zu heilen. Jenseits des Verstandes schaffen wir uns dadurch einen Raum, in dem sich die im Energiesystem niedergelegten Störungen von selber und auf ganz natürliche Weise auflösen können. Die Energiekörper, welche zusammengedrückt oder verschoben waren, entspannen sich dabei, um zu ihrer ursprünglichen Form zurückzufinden. Die gestaute Energie kommt wieder in Fluss. Selbstzweifel, Depressionen und Angstzustände, die oft durch blockierte Energien und andere Störungen im Energiesystem verursacht werden, lösen sich auf. Wieder im Gleichgewicht fällt es uns leicht, die alltäglichen Herausforderungen zu bewältigen. (Für ausführliche Informationen siehe *„Das Chakrahandbuch“* von S. Sharamon und B. J. Baginski.)

Die Tonglen-Praxis: wirksames Werkzeug für den Alltag

Das Schöne am tibetischen Buddhismus ist sein enormer Reichtum an Methoden und Praktiken, die uns helfen, Schwierigkeiten zu meistern und eine gesunde Daseinsgrundlage zu schaffen. Eine dieser Methoden, die ich sehr zu schätzen gelernt habe und die zu meinem täglichen Begleiter geworden ist, ist die Tonglen-Praxis. In der Meditation des Gebens und Nehmens, wie die Tonglen-Praxis auch genannt wird, tun wir das, was wir normalerweise mit allen Mitteln vermeiden: Wir nehmen den Verlust und die Niederlage auf uns und geben den Gewinn und den Vorteil weiter. Diese simple Änderung der Haltung hat weitreichende Auswirkungen. Uns aus dem Griff des Verstandes lösend, schaffen wir auf ganz natürliche Weise Raum, machen Mitgefühl, Wohlwollen und Sanftmut zur Grundlage und heben dabei die Identifikation mit dem ICH auf.

In der Tonglen-Praxis nehmen wir über das Einatmen unser Leiden oder, wenn wir etwas geübter sind, auch dasjenige unserer Mitmenschen auf uns. Dieses Leiden stellen wir uns als schwarzen, teerigen Rauch vor. In unserem Herzzentrum angelangt, wird es dann gereinigt und transformiert. Beim Ausatmen geben wir alles Gute, alles Heilsame und allen Vorteil weg und lassen es uns selber wie auch allen fühlenden Wesen zukommen. So einfach und doch so wirkungsvoll. Denn die Tonglen-Praxis durchschneidet die Ursache unseres Leidens, die ICH-Bezogenheit, an der Wurzel. Darum ist sie eine vorzügliche Methode aus negativen Grundmustern, niedrigen Selbstbildern und endlosen Dramen auszusteigen und zu uns selber zurückzufinden. Mit dieser Praxis gelingt es uns auch, eine offene, wohlwollende Atmosphäre zu schaffen, welche uns ermöglicht, mit dem Leben zu fließen und uns an der Gegenwart zu erfreuen.

Die Tonglen-Praxis ist auch ein wertvolles Instrument, um mit Konflikten umzugehen, deren Ursachen im Dunklen liegen und die wir deshalb bis dahin nicht bewältigen konnten. Ein klassisches Beispiel dafür ist etwa die Angst, vor Publikum sprechen zu müssen. Jemand, der unter Sprechangst leidet, kennt in der Regel zwei Möglichkeiten, mit dem Problem fertig zu werden. Entweder kämpft er gegen die Angst an, stellt sich schweißgebadet auf die Bühne und ist heilfroh, wenn die Tortur endlich vorbei ist. Oder er weicht der Situation im Vorhinein aus. Doch eine Karriere als Politikerin oder Schauspieler kommt für sie oder ihn nicht in Frage. Diese Vermeidehaltung hat aber zur Folge, dass der Lebensraum immer kleiner wird. Mit der Tonglen-Praxis können wir dem Problem seine Bedrohlichkeit nehmen. Da uns das Tonglen ermöglicht, den Bezugspunkt zu verschieben, können wir das Problem einmal aus einer ganz anderen Optik ansehen und es in aller Ruhe und von allen Seiten betrachten, ohne die ganzen Horrorszenarien abspulen zu müssen.

Wie jedes Werkzeug, das geschickt eingesetzt werden will, erfordert auch das Tonglen regelmäßiges Üben. Gelegenheiten dazu bieten sich uns im Alltag ständig, wie beispielsweise in unseren Lebensängsten, Beziehungskonflikten, beruflichen Sorgen und Schlafstörungen. Um die Praxis zu vertiefen, sind Orte besonders geeignet, von denen wir wissen, dass sie uns aufwühlen oder ängstigen. Ein solcher Ort ist für mich der Wald zur Nachtzeit. Mit einem Meditationshocker ausgerüstet, begebe ich mich mitten in der Nacht in den Wald und beginne wie beschrieben mit der Meditation. Doch schon bald beginnt der denkende Geist unruhig und aktiv zu werden. Mein Katastrophenprogramm, das ganze Sammelsurium an Befürchtungen des ICHs, beginnt sich zu regen. Jedes Rascheln wird als Bedrohung interpretiert, hinter jedem Gebüsch wittert mein angespannter Geist eine Gefahr, in jedem Schatten ein Gespenst, das sich gleich auf mich stürzen wird. Bleibe ich jedoch ruhig und lasse die wilden Fantasien geschehen, ohne mich gegen sie zu wehren, geschieht nach der anfänglichen Unruhe jedes Mal dasselbe: Alles Bedrohliche verliert an Macht, um sich schließlich in nichts aufzulösen. Von einer tiefen Freude erfasst, hören Wald, Verstand und ICH auf zu existieren. Was übrig bleibt, sind Leerheit und das Strahlen des Augenblicks. In diesem kurzen Moment erfasse ich die Fülle des Lebens und berühre die Essenz des SEINs. Reich beschenkt und tief dankbar kehre ich nach Hause zurück.

Übung

Mache es dir in der gewohnten Meditationshaltung bequem. Atme einige Male tief und kräftig ein und aus. Lasse Gefühle, Gedanken und Erwartungen los und erinnere dich daran, dass es weder etwas zu verändern noch zu erreichen gibt. Verweile so lange in der Haltung des Nichtstuns und im Zustand der Absichtslosigkeit, bis der denkende Geist zur Ruhe gekommen ist und du dich weit, offen und wach fühlst. Um die Tonglen-Praxis zu üben und zu festigen, ist es hilfreich, mit Symptomen, Themen oder Situationen zu arbeiten, die dich beunruhigen, die du meidest oder die du fürchtest. Sind dies beispielsweise deine wiederkehrenden Kopfschmerzen, dann verbinde dich zuerst ganz bewusst mit der schmerzhaften Stelle, indem du einige Male sanft in das Kopfweh hineinatmest. Während du dies tust, gib dem Schmerz viel Raum und versuche, ohne Widerstand zu leisten, dich in ihn hinein zu entspannen. Danach gehe wie oben beschrieben vor. Visualisiere dein Kopfweh als rußigen, teerigen Rauch, den du in dein Herz hineinatmest. In deinem Herzen befindet sich eine Art Waschmaschine, die alles Negative und Schmutzige aufnimmt und vollständig reinigt. Danach schicke mit dem Ausatmen deinem schmerzenden Kopf alles Gute und Heilsame zu. Ohne einzugreifen oder etwas zu manipulieren, fahre mit der Praxis fort. Mach dann eine Pause und lass das Erlebte los, ohne jedoch den offenen, weiten Geisteszustand zu verlieren.

Es ist wichtig, am Anfang das Tonglen nur auf sich selber anzuwenden. Zum einen erlangen wir dadurch die nötige Praxis, zum anderen entwickeln wir uns gegenüber Mitgefühl, Wohlwollen und Sanftmut, das eigentliche Herzstück des Tonglen. Erst wenn wir mit dem Selbst-Tonglen vertraut sind, können wir die Praxis auf unsere Freunde, unsere Familie, ja sogar auf die ganze Welt ausdehnen. Dabei nehmen wir deren Ängste, Sorgen und Schmerzen auf uns und schicken diesen unseren Erfolg, unser Glück und unsere Liebe zu. Häufig taucht die Frage auf, ob das Aufnehmen der Schwierigkeiten anderer Menschen für einen selber nicht schädlich sein könne. Dazu ist zu sagen, dass das Einzige, das beim Tonglen Schaden nimmt, unser ICH ist. Doch genau darum geht es ja beim Tonglen: das ICH zu überwinden. Das Gefühl, im aufgenommenen Leid und Dreck stecken zu bleiben, kann auftreten, wenn dem Reinigungsprozess zu wenig Beachtung geschenkt wird. (Für mehr Informationen zur Tonglenpraxis verweise ich auf das Buch *„Tonglen“* von Pema Chödrön.)

Neun grundlegende Eigenschaften

Nun kennen wir einige Werkzeuge, mit denen wir unseren Lebensraum verbessern können. Doch ähnlich wie bei einem Hausbau eine kräftige Betonmischmaschine noch längst nicht ausreicht, um ein solides Haus zu bauen, ist es beim Bau einer gesunden Lebensgrundlage mit dem geschickten Anwenden bestimmter Übungen und Techniken noch längst nicht getan. Was wir genauso brauchen wie das handwerkliche

Rüstzeug, sind bestimmte Fähigkeiten oder Qualitäten, mit denen wir unser Tun ausführen. Ohne diese Grundhaltung nützt uns das ganze Repertoire an Meditationsübungen und anderen Techniken herzlich wenig, um unser Leben nachhaltig umzuwandeln. Möchten wir mehr als etwas Trost und ab und zu ein wenig Zufriedenheit erfahren, müssen wir in uns ganz bestimmte Qualitäten wecken und fördern. Die Rede ist von den neun transzendenten Qualitäten. Dazu zählen:

Raumhaftigkeit
Mitgefühl
Glück
Weisheit
Liebe
Offenheit
Stille
Frieden
Leerheit

Was transzendente Qualitäten so einmalig macht, ist, dass sie über eine ungebundene, universelle Energie verfügen, die es uns ermöglicht, Grenzen zu überschreiten, das uns innewohnende Potenzial zu erwecken und im wahren, reinen SEIN, der leeren Essenz oder dem Göttlichen, aufzugehen.

Denkanstöße

- *Welche der oben beschriebenen transzendenten Qualitäten sind mir vertraut und welche nicht?*
- *Zu welcher oder welchen habe ich den besten und zu welcher oder welchen den schwächsten Zugang? Was sind die Gründe?*
- *Ausgehend von meiner momentanen Situation – auf welche Qualität bin ich für meine seelische Entwicklung besonders angewiesen?*
- *Was muss ich tun, damit sich diese essenziellen Qualitäten entfalten und zur Grundlage meines Daseins werden?*

Übung

Um die transzendenten Qualitäten zu erwecken, gehen wir wie in den oben beschriebenen Übungen vor. Wir beginnen wieder damit, dass wir zuerst einige Male tief ein- und ausatmen, Gedanken, Gefühle und Erwartungen loslassen und danach im Zustand der Absichtslosigkeit und des Nichtstuns ruhen. Dann befassen wir uns eingehend mit jeder einzelnen Qualität und machen uns mit deren Wesen vertraut. Um uns den Zugang zu erleichtern, können wir für jede dieser Qualitäten ein Bild aussuchen, das für uns das jeweilige Thema illustriert. Für Raumhaftigkeit kann das beispielsweise der grenzenlose Himmel sein, für Mitgefühl eine herzhafte Umarmung, für Stille eine ungestörte Naturlandschaft. Statt irgendetwas künstlich erzeugen zu wollen, versuchen wir uns vorbehaltlos der jeweiligen Qualität zu öffnen und diese auf uns einwirken zu lassen. Es ist hilfreich, das Erlebte sowie spontane Erkenntnisse aufzuschreiben.

Um den eingeleiteten Prozess zu vertiefen und unser Verständnis zu festigen, bietet uns der Alltag ein ideales Übungsfeld. Während wir beispielsweise auf den Zug warten, können wir kurz innehalten und uns eine transzendente Qualität in Erinnerung rufen. Dabei werden wir feststellen, wie sich unsere Sichtweise unter dem Einfluss dieser Qualität nachhaltig verändert. Haben wir zum Beispiel Mitgefühl ausgewählt, werden wir uns unter dessen Einfluss nicht mehr über die griesgrämigen Gesichter der anderen Wartenden ärgern, sondern hinter ihren finsteren Mienen Mitmenschen mit bewegenden Geschichten, Visionen und wunderbaren Fähigkeiten erkennen. Wenn wir dies regelmäßig tun, beginnen diese Qualitäten in unserem Geistesstrom Fuß zu fassen und schließlich unser ganzes Denken, Fühlen und Handeln positiv zu beeinflussen.

5. Das Alte loslassen, das Neue wagen

Das Leben ist Zusammenschluss, Konsolidierung und Auflösung. Nichts auf dieser Welt ist von Dauer. Alles, wir eingeschlossen, ist dem Prozess der Veränderung und des Wandels unterworfen. So wichtig unsere Gedanken und Gefühle und auch unser Körper für unser Wohlbefinden sind, in Tat und Wahrheit sind auch sie zusammengesetzte und damit bedingte Phänomene. Wie der Regenbogen, der durch das Aufeinandertreffen von Sonnenstrahlen mit Wassertropfen entsteht, ist auch unsere Existenz die Verknüpfung von Ursachen und Umständen. Da alles Zusammengefügte wieder auseinander bricht, sollten wir uns nicht an den Glauben der Permanenz klammern, sondern uns in unserem Handeln und Streben auf die Vergänglichkeit beziehen und die Offenheit und Leerheit zur Grundlage unseres Daseins machen.

Das Vertrautwerden mit dieser grundlegenden Tatsache ist wichtig und auch heilsam. Es hilft uns loszulassen und uns dem Tanz des Entstehens und Vergehens, dem Geborenwerden und Sterben hinzugeben, welcher in jedem Augenblick choreographiert und neu aufgeführt wird. Gestalten wir unseren Alltag in einer Weise, die der Vergänglichkeit und Unbeständigkeit Rechnung trägt, können wir vertrauensvoll mitschwingen und uns von den Hochs und Tiefs, den Wogen des Lebens, tragen lassen. Von Ängsten, Sorgen und Problemen, die nun mal zum Leben gehören, fühlen wir uns in unserer Existenz nicht oder kaum bedroht. Vielmehr verstehen wir sie als Facetten unseres Daseins. Um diese Einsicht umzusetzen, müssen wir uns zuerst von unserer Vorstellung verabschieden, wonach morgen alles so zu sein hat, wie es heute war. Auf den folgenden Seiten wollen wir uns mit unserem Zustand der Unbeständigkeit genauer befassen.

Übergänge: Brücken zur Freiheit

Als Übergänge bezeichnet man tief greifende, herausforderungsreiche Ereignisse im Leben. Eine schwere Krankheit, eine Trennung, der Verlust der Arbeit und in ganz besonderem Maße der Tod können solche Übergänge darstellen. Es sind Ereignisse, die uns aus der Bahn werfen und unser ganzes Lebensgefüge ins Wanken bringen. Wir alle wissen, wie schmerzhaft solche Ereignisse sind, wie hilflos, zurückgewiesen, verzweifelt man sich fühlen kann, wenn man mit Tod oder Krankheit konfrontiert, verlassen oder entlassen wird. Trotzdem sind Übergänge nicht einfach lästige Stolpersteine auf unserem Lebensweg. Übergänge sind wichtige Wendepunkte.

Wie das Wort schon impliziert, stehen wir nach einem Übergang nicht mehr am gleichen Ort. Wir sind von einer Lebensphase zur nächsten übergegangen. Aufgrund ihrer Heftigkeit besitzen Übergänge die Kraft, festgefahrene Lebensgefüge zu sprengen. Sie fordern uns heraus, unsere Meinungen, Konzepte und Vorstellungen, die wir vom Dasein haben, zu hinterfragen und unsere Sichtweise zu überdenken – die Grundvoraussetzung, um Neues zu wagen und Veränderungen einzuleiten. Auch wenn das gerade in Krisensituationen schwierig zu verstehen ist, haben Übergänge auch ein enormes Befreiungspotenzial. Unterdrückte Energien, verborgene Wünsche und ungeborene Ideen, die im engen Gefüge jahrelang brachgelegen haben, treten durch dessen Zusammenbruch plötzlich ans Licht und können sich entfalten. Dass Übergänge einem Feuer gleich Einengendes wegfegen und Platz für Neues schaffen können, habe ich in meiner therapeutischen Arbeit, aber auch an meinem eigenen Leibe schon oft erlebt. Haben wir Vertrauen in den Prozess des Wandels, können wir Übergänge dazu nutzen, um die Umklammerung des ICHs hinter uns zu lassen und unser Dasein in immer höhere Zustände zu initiieren.

Zwar haben Übergänge oft unangenehme Begleiterscheinungen nicht nur emotionaler, sondern auch körperlicher Art. Kopfschmerzen, Verspannungen, Schmerzen im Brustbereich oder Verdauungsstörungen sind häufige Symptome. Doch wenn wir achtsam sind, werden wir feststellen, dass unsere Dünnhäutigkeit auch ihre positiven Aspekte hat: Während des Umbruchs können sich Gedanken, Emotionen und Empfindungen unglaublich verdichten und eine nie geahnte Intensität annehmen. Weil es uns aber an positiven Erfahrungen im Umgang mit tief greifenden Umwandlungen mangelt und wir unsere wilden, rohen Seiten kaum kennen, fühlen wir uns in Zeiten des Umbruchs in erster Linie bedroht. Reflexartig stemmen wir uns gegen die Veränderung und möchten das Ganze am liebsten ungeschehen machen. Doch wenn wir uns auf die im Kapiteleingang beschriebene Gesetzmäßigkeit von Entstehen und Vergehen besinnen und uns dem Wandel vertrauensvoll öffnen, werden wir den Übergang als Brücke zur Freiheit nutzen können.

Denkanstöße:

- *Wie gehe ich mit Veränderungen, insbesondere mit Übergängen um?*
- *Gibt es Übergänge in meinem Leben, die ich nicht abgeschlossen habe und die ich im Interesse meiner emotionalen Gesundheit und seelischen Entwicklung zu Ende bringen sollte?*
- *Wie sind meine Beziehung zur Vergänglichkeit und meine Einstellung zum Tod?*
- *Untersuche ich meine momentane Situation, wo genau stehe ich heute? Trete ich auf der Stelle, bin ich im Fluss, in einem Übergang oder gar dabei, Neuland zu betreten?*
- *Brauche ich Unterstützung, um die anstehenden Herausforderungen zu meistern und meinen Weg weitergehen zu können?*

Raum, Form, Energie

Wollen wir das Leben in seinem ganzen Reichtum erfahren, müssen wir alles Haften, Streben und Suchen aufgeben und uns für die Spiritualität öffnen, die Welt, die jenseits unseres Verstandes und unserer sinnlichen Wahrnehmung liegt. Ein besonderes Merkmal der Spiritualität ist jedoch, dass sich die Dinge anders verhalten, als wir es gewohnt sind. Unsere Methoden und Strategien, ohne die wir im Alltag nicht bestehen könnten, erweisen sich auf dem spirituellen

Pfad oft als ungeeignet, wenn nicht sogar als hinderlich. In der Spiritualität geht es nicht mehr ums Analysieren von Problemen, ums Suchen von Lösungen oder ums Verstehen von Hintergründen. Stattdessen sind wir gefordert, das zu verabschieden, was wir zu sein glauben, und zu dem zu werden, was wir sind. Oder wie es der amerikanische Philosoph und Bewusstseinsforscher Ken Wilber ausdrückt: Wir haben nicht nur unsere ICH-Identität loszulassen, sondern darüber hinaus alles, was wir in deren Verbindung entworfen und aufgebaut haben.

Um uns auf dem spirituellen Pfad nicht zu verlieren, sind Orientierungshilfen wichtig. Denn es ist nicht so, wie in esoterischen Kreisen gern geglaubt wird, dass jede Laune eines noch so verwirrten Geistes die baldige Erleuchtung ankündigt und dass Ordnung die spirituelle Entfaltung behindert. Das Gegenteil ist der Fall: Wollen wir uns ernsthaft für die Welt der Spiritualität öffnen, müssen wir gewisse Grundbedingungen einhalten. Freiheit bedeutet nicht, dass wir uns einfach treiben lassen können. Die Reise in die Welt der Spiritualität lässt sich sehr gut mit einer Atlantiküberquerung vergleichen: Wer ohne jegliche Navigationshilfe einfach ins Blaue hinausfährt, verliert sich leicht, und für den kann die Freiheit zum Problem werden. Wer sich aber seiner Verantwortung in der Grenzenlosigkeit bewusst ist und sich entsprechend ausrüstet, wird gute Chancen haben, heil anzukommen.

Was Kompass, Seekarte und Peilinstrument in der Seefahrt sind, sind Raum, Form und Energie in der Spiritualität: Werkzeuge oder Grundbedingungen, die wir, wollen wir auf dem richtigen Kurs bleiben, nie beiseite legen dürfen. Es sind dies die Voraussetzungen für eine gesunde Entwicklung, für Entfaltung und Erkenntnis. Jedes Lebewesen braucht Raum, um sich zu entfalten, Energie, um zu wachsen, und Form, damit seine Entwicklung Gestalt bekommt. Jeder einzelne Aspekt muss gegeben sein, aber auch die drei in ihrem Zusammenspiel: In einem Raum ohne Form fehlt der Halt, Form ohne Raum beengt, Energie ohne Form wuchert, Raum ohne Energie bleibt hohl und so weiter und so fort. Schauen wir uns nun jeden dieser Aspekte etwas genauer an:

Raum – Platz für Körper, Seele und Geist

Raum ist immer und überall. Raum ist sowohl das, was sich in uns befindet, wie auch das, was uns durchdringt und umgibt. Raum ermöglicht Wachstum und ist somit Bedingung für das Dasein in seiner ganzen Vielfalt. Obwohl dem Element Raum für unsere körperliche, seelische und geistige Gesundheit absolute Priorität zukommt, schenken wir ihm kaum Beachtung. Da dieser nicht als Ding sinnlich wahrnehmbar ist, werden wir uns seiner Existenz erst durch sein Fehlen bewusst. Untersuchen wir das Element Raum jedoch genauer, erkennen wir, dass dieses, obwohl leer und ungreifbar, sehr wohl vorhanden ist.

Raum ist mehr als der Platz, den unser Körper ausfüllt und den wir zum Leben benötigen. Raum ist auch die Umgebung, die unsere Seele für eine gesunde Entwicklung braucht. Auch unser Geist braucht Raum, um beweglich zu bleiben und sich inspirieren zu lassen. Der Begriff Raum bezieht sich zudem auf die Haltung, mit der wir durchs Leben gehen, und die Sichtweise, an der wir uns orientieren. Wie wir gesehen haben, kann dieser Raum weit und offen oder aber klein und eng sein. Raum steht uns allen unbegrenzt zur Verfügung. Wir müssen ihn nur einnehmen, das heißt, die Freiheit wagen, aus der engen Lebenskiste auszusteigen, die wir uns im Laufe unserer Geschichte gezimmert haben.

Doch die meisten Menschen in unserer westlichen Kultur sind sich der Bedeutung des Aspektes Raum gar nicht bewusst und stellen daher auch kaum Ansprüche daran. Normalerweise begnügen wir uns mit einem viel zu engen und eigentlich auch unwirtlichen Lebensraum, einfach weil wir es so gewohnt sind und weil wir uns auch noch nie Gedanken darüber gemacht haben. Ausdruck eines begrenzten Lebensraums sind unter anderem enge Denkmuster, Mythen, die wir unhinterfragt aufrechterhalten, und sich ständig wiederholende Dramen, kurzum: Lebensumstände, die wir eigentlich längst hätten hinter uns lassen müssen, die wir aber einfach als naturgegeben hinnehmen. Und, als wäre das nicht schon genug, in einen ebenso starren Lebensraum zwängen wir dann auch noch unsere Partnerschaft. Mangel an Raum ist häufige Ursache von Beziehungsproblemen. So haben Wut, Hass und Gewalt, die unter diesen Bedingungen in einer Beziehung entstehen können, oftmals gar nicht den Partner zum Ziel, den es zwar trifft, sondern vielmehr das zu enge Beziehungsgefäß.

Natur als Quelle der Inspiration

Wollen wir uns mit dem Aspekt Raum vertraut machen, finden wir in der Natur eine wunderbare Inspirationsquelle. Gehen wir hinaus und setzen uns an einen Ort, wo wir den Himmel in seiner unendlichen Weite betrachten können. So erfahren wir, wie heilsam und erfrischend ein grenzenloser Raum sein kann. Warum sonst zieht es uns ans Meer, warum fühlen wir uns vom Anblick eines Bergpanoramas immer wieder überwältigt? Es ist der Anblick von Raum im Überfluss, der uns im Alltagsleben so sehr fehlt. Raum relativiert. Unter einem sternenübersäten Nachthimmel, wo die Tiefe des Alls zum Greifen nah ist, kommen uns die eigenen Probleme plötzlich winzig und unbedeutend vor. An Orten, die für den Aspekt Raum stehen, können wir Stille, Gelassenheit und Frieden erfahren.

Übung

Entspanne dich wie gewohnt, achte dabei auf deinen Atem und erinnere dich daran, dass es nichts zu erreichen gibt. Verweile so lange im Zustand der Absichtslosigkeit, bis der denkende Geist zur Ruhe gekommen ist und du dich weit, offen und wach fühlst. Dann meditiere über das Element Raum. Du kannst dir dazu ein Bild, das dich inspiriert, zu Hilfe nehmen oder, noch besser, dazu einen Ort aufsuchen, wo du die Weite direkt erfahren kannst. Ergründe nun das Wesen des Raums. Versuche dabei nichts mit dem Verstand zu erzeugen. Gib dich dem Raum einfach hin und lasse dich von ihm durchdringen. Wenn du draußen meditierst, lenke dein Gewahrsein immer wieder auf den Raum, der sich vor dir offenbart. Öffne dich der Weite und beobachte, was dabei in deinem Inneren geschieht.

Es ist empfehlenswert, diese Übung möglichst häufig im Alltag durchzuführen. Auf diese Weise werden wir mit dem Phänomen Raum bestens vertraut und können zudem seine erfrischende Kraft und heilsame Wirkung bei Bedarf tanken. Wir können auch dann üben, wenn wir gerade nicht unsere Meditationshaltung einnehmen können, beispielsweise wenn wir auf den Bus warten. Statt vor Ungeduld zu verzweifeln, können wir die Gelegenheit nutzen und in den Himmel schauen und uns seine offene Weite vergegenwärtigen. Oder wenn wir während einer anstrengenden Arbeitssitzung immer wieder kurz zum Fenster hinausschauen und uns vom grenzenlosen Raum draußen inspirieren lassen, können wir unseren Geist lebendig halten und achtsam und klar bleiben. Das häufige Kontemplieren über das Element Raum führt dazu, dass wir die Dinge um uns mit anderen Augen zu sehen beginnen. Unsere Umgebung verliert ihre Starrheit, sie erscheint uns durchlässiger und beweglicher. Das Vertrautwerden mit dem Element Raum hilft uns auch, unsere alltäglichen Herausforderungen mit mehr innerer Distanz anzugehen.

Form – ein Gefäß, kein Korsett

Der zweite Aspekt – Form – ist ein Rahmen, der uns in unserer Entwicklung Halt bietet und eine klare Ausrichtung vermittelt. Dabei handelt es sich aber keinesfalls um ein enges, statisches Gebilde, sondern um ein offenes, dynamisches Gefäß, das auf die individuellen Bedürfnisse zugeschnitten ist. Form kann für den einen einen Kurs bedeuten, für eine andere Tagebuchschreiben, einem dritten bietet das Studium spiritueller Texte die nötige Struktur und wieder anderen tägliches, bewusstes Spazierengehen in der freien Natur. Selbstverständlich wird die einmal gewählte Form nicht in Stein gehauen. Wollen wir am Leben reifen, muss auch die Form mitwachsen – eine Tatsache, die jeder Hobbygärtner kennt: Einen kleinen Setzling ins Freiland zu setzen hat keinen Sinn, da wird er von Schnecken aufgefressen oder als vermeintliches Unkraut gejätet. Besser aufgehoben ist er in einem kleinen Topf. Irgendwann aber wird der Topf zu klein, die Wurzeln können sich nicht mehr ausbreiten. Also muss umgetopft werden, bis irgendwann die Pflanze groß und stark genug ist, um im Freiland bestehen zu können. Als beweglicher, gut strukturierter Rahmen leitet uns Form nicht nur an, sondern sie gewährt uns auch Schutz vor negativen Emotionen und destruktiven Kräften.

Die gewählte Form, soll sie uns Stütze und Schutz sein, muss sich auf ein fundiertes Verständnis vom SEIN beziehen, das wir intellektuell nachvollziehen und aufgrund eigener Erfahrungen bestätigen können. Darüber hinaus muss sie uns geschickte Mittel zur Hand geben, die wir zur Bewältigung alltäglicher Schwierigkeiten einsetzen können und die uns helfen, Übergänge zu meistern und den von uns eingeschlagenen Weg voller Vertrauen und Zuversicht fortzusetzen. Der Aspekt Form hat die Funktion eines Bootes, das uns sicher von einem Ufer ans andere führt.

Tragen wir auf unserem Lebensweg dem Aspekt Form zu wenig Rechnung, laufen wir Gefahr, stecken zu bleiben oder uns zu verzetteln. Ohne Halt und Rahmen fehlt uns die Selbstkontrolle, durch die wir feststellen können, wo wir im Augenblick stehen und was wir gegenwärtig brauchen, um in den Fluss des Lebens zurückzufinden. In einem diffusen, gefäßlosen Zustand sind wir nicht nur äußerst verwundbar, sondern wir stehen auch auf sehr unsicherem Grund. Unter solchen Bedingungen sind wir allen Eindrücken und Kräften hilflos ausgeliefert, und es fällt enorm schwer, Negatives hinter sich zu lassen und das Positive ins Zentrum zu rücken. In diesem Graubereich zwischen Hoffnung auf Besserung und Angst vor Misserfolg handeln wir dann oft willkürlich. Ohne die Klarheit, für die der Aspekt Form steht, werden unsere Probleme uns das Leben schwer machen und zu Hindernissen auf dem Weg werden.

Den meisten Menschen fällt es schwer, ein für sie passendes Gefäß auszuwählen. Das liegt zum einen daran, dass wir nie gelernt haben, für uns selber Sorge zu tragen, auf uns selber zu hören und unserer inneren Stimme zu trauen, zum anderen aber auch an eingespielten Gewohnheiten und unseren Widerständen gegen jegliche Art von Veränderung. Selbst wenn wir wüssten, was eigentlich gut für uns wäre, hieße das noch lange nicht, dass wir die nötigen Schritte dafür auch einleiten würden. Denn wenn es uns gut geht und alles wie geschmiert läuft, sehen wir keinen Anlass, irgendetwas zu ändern. Geht es uns aber schlecht, dann fehlt uns die Energie, unsere Lebensweise zu hinterfragen. Statt die Krise als Herausforderung zu nutzen, begnügen wir uns oft damit, dass sie möglichst schnell vorbeigeht und wir wieder zur

Tagesordnung übergehen können. Doch es genügt nicht, sich ab und zu Gedanken übers Leben zu machen, die Hauptzeit jedoch mit Unwesentlichem und Oberflächlichem zu verbringen. Wollen wir unser Potenzial erwecken, wird uns eine gesunde Portion Selbstdisziplin abverlangt. Ein hässliches Wort in den Ohren vieler, ich weiß. Überhaupt scheuen viele von uns Strukturen und Formen wie der Teufel das Weihwasser, weil wir sie fälschlicherweise für gleichbedeutend mit Zwang, Strenge und Enge halten – Alpträume aus Schulzeit und Elternhaus. Unsere Eigenständigkeit haben wir hart erkämpft und die lassen wir uns jetzt nicht in Formen pressen, oder? Doch wer ist es, der sich plötzlich so bedrängt fühlt? Ist es nicht einmal mehr unser altbekanntes ICH, das sich gegen Veränderungen sträubt? Der Aspekt Form ist also nicht ein Hindernis auf unserem Weg, sondern stellt eine stabile Plattform dar, auf die wir bauen können, um uns selber näher zu kommen.

Übung

Mach es dir in deiner gewohnten Meditationshaltung bequem. Atme mehrere Male tief und kräftig ein und aus, entspanne dich, indem du dir viel Raum gibst und alles – Gedanken, Gefühle und Erwartungen – loslässt. Verweile so lange im Zustand der Absichtslosigkeit, bis du dich offen, weit und ruhig fühlst. Danach kontempliere über das Element Form. Versuche dich ganz gezielt und sehr bewusst in ein für dich inspirierendes und deiner momentanen Lebenssituation angepasstes Gefäß hineinzuversetzen. Welche Bedingungen muss dieses erfüllen? Wie muss es beschaffen sein? Über welche Eigenschaften und Qualitäten muss es verfügen? Welche Werkzeuge benötigst du, um Schwierigkeiten bewältigen und deine Grenzen überschreiten zu können?

Nachdem du dir über das für dich optimale Gefäß klar geworden bist, erforsche, welcher Art dein augenblickliches Gefäß ist. Ist es beweglich und offen und deinem Wachstum förderlich? Bietet es dir Halt und eine klare Orientierung? Unterstützt es dich darin, deine alltäglichen Erfahrungen zu nutzen, um zu reifen und dein Wissen zu vertiefen? Wiederhole diese Übung so lange, bis du dir über die Beschaffenheit und die Besonderheiten des Gefäßes, das du hier und jetzt benötigst, vollständig im Klaren bist.

Effektive Formen, die uns darin unterstützen, achtsam und wach zu bleiben und den von uns eingeschlagenen Weg fortzusetzen, sind Meditationssitzungen, Zeiten der Stille und Kontemplation, Gebete, das Rezitieren von persönlich bedeutsamen oder heiligen Worten wie Mantras, achtsames Gehen, vorzugsweise draußen in der Natur, Tagebuchschreiben, das Lesen von inspirierenden Texten sowie das Hören von Belehrungen zu ausgewählten Themen. Es ist wichtig, diese Tätigkeiten regelmäßig auszuführen und sie in den Alltag zu integrieren. Nur so können diese ihre positive, heilsame Kraft entfalten und zur Quelle werden, die es uns ermöglicht, unser Dasein zu transformieren.

Energie – die Kraft des Lebens

Energie, der letzte der drei Aspekte, ist die universelle Kraft, die der Welt Leben einhaucht. Energie manifestiert sich auf sehr unterschiedliche Weise: als Wärme, als Bewegung, als Schwingung, aber auch als Bewusstsein. Sie kann stark oder schwach, aufbauend oder zerstörend sein, Form annehmen oder formlos bleiben. Wir können, um ein Beispiel zu nennen, die Stärke des Windes zwar messen und ihn auch auf unserer Haut spüren. Doch wo ist der Wind, wenn er nicht bläst? Wind ist pure Energie. Darum ist der Wind auch ein ideales Medium, um mit dem Element Energie unmittelbar in Berührung zu kommen und so mehr über diesen Aspekt zu erfahren. Energie beschränkt sich aber nicht auf das sinnlich Wahrnehmbare. Das Besondere an diesem Aspekt ist, dass Energie nicht an die uns vertrauten Dimensionen Raum und Zeit gebunden ist, sondern plötzlich entstehen, sich umwandeln und wieder auflösen kann. Je nach Frequenz können wir Energie mit unseren Händen greifen oder aber im höchsten Bereich als kosmische Schwingung wahrnehmen, was allerdings nur möglich ist, wenn wir in der Stille einkehren.

Wenig Energie, wenig Leben

Das Element Energie versieht uns mit der Kraft, die wir brauchen, um bestehen und wachsen zu können. Ist unser Energieniveau niedrig, was leider bei den meisten Menschen der Fall ist, können wir unser Potenzial nicht richtig ausschöpfen. Oft reicht unsere Energie gerade mal fürs Notwendigste, Unbekanntem oder Unangenehmem gehen wir aus dem Weg, weil dafür ganz einfach die Kraft fehlt. Weil wir befürchten, auf etwas zu stoßen, dem wir nicht gewachsen sind, stehen wir ständig auf der Bremse. Dadurch verschließen wir uns unbewusst vor der Welt, unser Lebensraum wird eng. Irgendwann macht alles Neue nur noch Angst und die Lebensfreude erlischt. Doch das Schlimmste daran ist – und hier schließt sich der Teufelskreis –, dass wir in unserem engen Kokon die Gelegenheit verpassen, unsere ureigene Energie zu entdecken und zu erfahren, welch ungeheure schöpferische Kraft uns eigentlich zur Verfügung stünde. Kein Wunder, viele Menschen harren in diesem Dämmerzustand aus und hoffen auf bessere Zeiten. Doch wer mehr vom Leben erwartet, ist eingeladen, sich gezielt mit dem Aspekt Energie zu befassen. Wenn wir uns damit vertraut machen, können wir unsere Kraftquelle nutzen und unser inneres Feuer wieder entfachen. (Ausführliche Informationen zum geschickten Umgang mit Emotionen und Energie finden sich in den Büchern *„Inneres Feuer"* von Lama Thubten Yeshe und *„Der große Pfau"* von Lama Gendün Rinpoche.)

Übung

Mache es dir in einer für dich angenehmen Position bequem und atme achtsam ein und aus. Gib allen Gedanken und Gefühlen Raum, ohne etwas festzuhalten oder abzulehnen. Verweile so lange, wie es dir angemessen erscheint, in diesem absichtslosen Zustand. Nimm dir nun Zeit, um über das Element Energie zu meditieren. Ohne etwas zu fabrizieren oder zu manipulieren, untersuche seine Eigenschaften und Besonderheiten. Wie macht sich das Element Energie in deinem Körper, wie in deinem Geist und wie in deinem Leben bemerkbar? Welcher Art und welcher Qualität ist diese im Augenblick? Ist diese klar und stark, wild und roh, fein und subtil oder schwach und diffus? Welche Bedingungen müssen erfüllt sein, damit deine Energie ganz natürlich fließen und sich frei entfalten kann? Was kannst du tun, um dein Energieniveau anzuheben und dieses wichtige Element zu fördern?

Weitere Methoden, um das Energieniveau anzuheben, finden sich in der körperorientierten Psychotherapie, der energetischen Körperarbeit, dem Yoga und in spirituellen Praktiken.

Fassen wir noch einmal die Bedeutung der drei Aspekte Raum, Form und Energie auf unser Leben zusammen: Mangelt es uns an Raum, fühlen wir uns leicht bedrängt und permanent im Stress. Da es uns an Bewegungsfreiheit und Weitblick fehlt, stagnieren wir auf unserem Lebensweg. Eine starre, undurchlässige Form kann sich als aggressives Verhalten, Unzufriedenheit oder Sturheit äußern. Der Halt im Leben ist dann nicht Stütze, sondern Hemmschuh. Zwar spüren wir intuitiv, dass mehr möglich wäre, doch da es uns an Durchlässigkeit und Sanftmut mangelt, reagieren wir oft zynisch. Fehlt es uns hingegen an Form, verzetteln wir uns, wir werden sprunghaft und die eingesetzte Energie verpufft ungenutzt. Ist unser Energieniveau tief, sind wir permanent im Stress, neigen zu Krankheitsanfälligkeit und haben es schwer, Schwierigkeiten aufzulösen und aus niedrigen Selbstbildern auszusteigen. Obwohl wir bemüht sind, für unser Leben Sorge zu tragen, fühlen wir uns körperlich erschöpft und seelisch müde. Unweigerlich führt unser Mangel an Energie dazu, dass unsere Daseinsgrundlage an Stabilität verliert und wir alles negativ sehen.

Standortbestimmung: Wo stehe ich heute?

Wie wir gesehen haben, passieren wir auf unserer Reise zu uns selber zwei Hauptbereiche: die Psychologie und die Spiritualität. Zum einen brauchen wir ein solides psychologisches Verständnis, um alte Verletzungen zu heilen, unbewältigte Konflikte zu lösen und uns von unrealistischen Erwartungen, falschen Vorstellungen sowie familiären Mythen zu befreien. Zum andern sind wir gefordert, unsere Haltung umzuwandeln, mit der Natur des denkenden Geistes vertraut zu werden und einen Pfad einzuschlagen, der uns aus der engen, kleinen Welt des ICHs hinaus in die Offenheit des SEINs führt.

Damit wir auf unserer Suche nach uns selber nicht blind dem einmal eingeschlagenen Pfad folgen, sondern stets achtsam und wach bleiben, ist es ratsam, regelmäßige Standortbestimmungen durchzuführen. Wo stehe ich in meiner spirituellen Entwicklung? Was brauche ich für mein Seelenheil? Wenn wir das nicht tun, laufen wir Gefahr, dem Weg des geringsten Widerstandes zu folgen und in gut eingespielten Mustern stecken zu bleiben. Da wir alle Gewohnheitstiere sind und am liebsten gar nichts ändern würden, müssen wir diese Selbstreflexion besonders ernst nehmen und uns immer wieder fragen, ob unsere Verhaltensweisen und Ansichten, die wir in einem frühren Lebensabschnitt entwickelt haben, heute überhaupt noch angepasst sind. Denn möglicherweise stellt sich dabei heraus, dass diese, statt uns darin zu unterstützen, den Alltag zu bewältigen und glückliche Menschen zu werden, uns genau daran hindern.

Ein weiterer wichtiger Punkt, mit dem wir uns zu befassen haben, ist das Bestreben unseres ICHs, alles – Erfahrungen, Erkenntnisse, sogar die Weisheit selbst – für seine Zwecke umzudeuten und ins bestehende Gefüge einzuverleiben. Oder anders ausgedrückt: Erkenntnisse und Einsichten in unser Leben zu integrieren und im Alltag umzusetzen fällt uns darum so schwer, weil sich unser Ego dadurch – zu Recht – bedroht fühlt. Also filtert es die neuen Erkenntnisse; nimmt auf, was ihm nicht schadet, und blendet aus, was ihm nicht in den Kram passt. Darum ist es oft so, dass wir von Büchern oder Vorträgen über so grundlegende Themen wie Lebenssinn, Freiheit, Glück oder Liebe zwar tief beeindruckt sind, dieses Wissen aber nicht umsetzen können. Im Bewusstsein um die Existenz dieser subtilen, geistigen Mechanismen sollten wir in allem, was wir tun, eine selbstkritische Einstellung bewahren. Dabei dürfen wir aber nie vergessen, dass alle Konzepte und Philosophien nur Erklärungsversuche sind, nicht aber die Wahrheit selber. Denn diese entzieht sich der begrifflichen Welt.

Die folgende Übung soll uns bei unserer Standortbestimmung helfen. Es ist wichtig, sich dafür genügend Zeit zu nehmen und sich wiederholt mit den gestellten Fragen auseinanderzusetzen. Von Vorteil ist es zudem, alle Antworten aufzuschreiben, aber auch spontane Einsichten und intuitive Erkenntnisse. Nachdem alle Punkte einmal durchgegangen sind, legt man die Übung für eine gewisse Zeit zur Seite, um später noch einmal auf den Inhalt zurückzukommen und das Niedergeschriebene erneut zu studieren.

Übung

- *Wo stehe ich heute in meiner emotionalen, seelischen und geistigen Entwicklung? Welchen dieser drei Bereiche habe ich zu wenig oder nur ungenügend ausgebildet? Was sind die möglichen Folgen für die Bewältigung alltäglicher Herausforderungen?*

- *Bin ich mit meinem Leben zufrieden? (Dazu gehört mein Umgang mit mir selber, meine Gesundheit, meine Beziehungen und mein Beruf.) Wenn nicht, was fehlt mir? Was sind mögliche Ursachen für mein Unbehagen? Was muss ich aufgeben, einleiten oder umsetzen, damit sich meine Situation verändern und ich einen für mich guten Weg einschlagen kann?*

- *Ist das psychologische Gefäß, auf das ich mich beziehe, meinem Wachstum angemessen? Ermöglichen mir die vorhandenen Mittel, meine Probleme zu bewältigen und die anstehenden Herausforderungen zu meistern? Sind sie (Gefäß und Mittel) wachstumsfördernd oder wachstumshemmend? Trifft Letzteres zu, wo liegen die Schwierigkeiten und wie kann ich sie beheben?*

- *Welche Beziehung habe ich zu religiösen Themen, zur Spiritualität, zum Göttlichen? Glaube ich an eine höhere Wahrheit, an Gott, an Buddha oder etwas anderes? Wenn ja, wie hilft mir dieser Glaube in meinem täglichen Leben? Wie unterstützt er mich darin, Grenzen zu überschreiten und das SEIN zu erwecken? Wenn nein, aus welcher Quelle schöpfe ich Kraft, Inspiration und Wissen? Was oder welche Instanz bietet mir Halt, Orientierung und Zuflucht?*

- *Beziehe ich mich auf eine bestimmte Lehrmeinung oder spirituelle Tradition oder gehe ich meinen eigenen, individuellen Weg? Erhalte ich dabei die Unterstützung und Begleitung, die ich benötige, um*

Widerstände aufzugeben, Verblendungen und Unwissenheit hinter mir zu lassen und in den Fluss des Lebens zurückzufinden?

An dieser Stelle möchte ich den Leser, die Leserin für ausführlichere Informationen zum überaus vielfältigen Angebot an therapeutischen Methoden und spirituellen Ansätzen an den amerikanischen Autor und Bewusstseinsforscher Ken Wilber verweisen. Wilber beschreibt in seinem Buch „Spektrum des Bewusstseins“ die Möglichkeiten und Grenzen der westlichen wie der östlichen Wege und deren Beziehungen zueinander und bietet damit eine umfassende, tiefgründige Orientierungshilfe. Die von Wilber entworfene Landkarte schafft dabei nicht nur Ordnung und vermittelt Klarheit, sondern sie setzt den Leser darüber hinaus in die Lage, ein abgerundetes Bild der verschiedenen Richtungen in der Psychologie, in Therapien und Wachstumspfaden zu erhalten.

Walters Geschichte

Walter arbeitete als Sprachlehrer an einer Fachhochschule, war Vater von zwei Kindern und glücklich verheiratet. Bei seinen Schülern war er als engagierter Lehrer und seines spannenden Unterrichts wegen sehr beliebt. Auch körperlich war er gesund und fühlte sich fit. Ein rundum glücklicher Mensch, wie es schien. Doch nach den Herbstferien stürzte er wie aus heiterem Himmel in eine tiefe Depression. Er litt unter erdrückenden Gefühlen und existenziellen Ängsten, an nichts mehr konnte er sich freuen. Er fühlte sich hilflos, allein und isoliert. Seine Lebenslust erstarb und einen Sinn sah er nicht mehr. Kein Wunder, diese Krise belastete auch die ganze Familie. Es kam häufig zu Spannungen, so dass die Beziehung zu seiner Frau auf eine harte Probe gestellt wurde. Schließlich holte sich Walter Rat beim Hausarzt. Dieser riet ihm zwecks Stressabbaus sich sportlich zu betätigen und verschrieb ihm stimmungsaufhellende Medikamente. Mit Joggen und medikamentöser Unterstützung gelang es Walter, die Krise einigermaßen durchzustehen. Dennoch war ihm klar, dass er wegen seiner emotionalen Probleme und wegen der Beziehungskonflikte etwas unternehmen musste. Nach anfänglichen Widerständen entschied er sich schließlich für eine Psychotherapie. Schon bald zeigten die wöchentlichen Sitzungen positive Wirkung. Statt sich wie früher angesichts von Problemen zurückzuziehen und den Kontakt zu seiner Umwelt abzubrechen, lernte Walter besser mit Konflikten umzugehen. Um den Ursachen seiner Depressionen auf den Grund zu gehen, durchleuchtete er gemeinsam mit dem Therapeuten seine Vergangenheit. Je mehr er über seine eigene Geschichte in Erfahrung brachte, desto deutlicher wurden Zusammenhänge zwischen seinem Befinden als erwachsener Mann und längst vergangenen Ereignissen. Ein Beispiel: Als kleiner Junge hatte er die Nähe zu seinem Vater gesucht. Dieser reagierte aber äußerst gefühlskalt, was Walter tief verletzte. Er fühlte sich ungeliebt und zurückgewiesen. Als Reaktion auf die erfahrene Indifferenz entstand ein Muster, das sein künftiges Verhalten prägte: Längst erwachsen, versuchte Walter die Erwartungen seiner Mitmenschen zu erahnen und stets zu erfüllen, in der Hoffnung, als Person wahrgenommen und geliebt zu werden. Erntete er für seine Bemühungen Anerkennung, fühlte er sich als Person respektiert. Reagierte seine Umgebung jedoch wie damals sein Vater, nämlich mit Gleichgültigkeit, brach für ihn jedes Mal eine Welt zusammen und er fühlte sich so ungeliebt und zurückgewiesen wie vor dreißig Jahren als Kind.

Nach rund einem Jahr beendete Walter die Psychotherapie. Die Depressionen traten nur noch in ganz seltenen Fällen und in abgeschwächter Form auf. Auf emotionale Schwierigkeiten konnte er, dank des in der Therapie gewonnenen Verständnisses, ruhig reagieren. Diese positiven Veränderungen gaben ihm Kraft und Selbstvertrauen, um sich den alltäglichen Herausforderungen zu stellen. Auch die Beziehung zu seiner Frau entspannte sich.

Zwei Jahre lang ging es Walter gut, bis er völlig überraschend erneut in eine schwere Krise geriet. Trotz anfänglicher Skepsis entschied er sich diesmal für eine Therapiemethode, die auch die Spiritualität mit einbezog. Walter hatte nicht die leiseste Ahnung, was die neue Krise ausgelöst haben könnte. Was er jedoch deutlich wahrnahm – und das war anders als bei der ersten Krise –, war ein intensiver, stechender Schmerz in seiner Brust. Walter suchte krampfhaft nach einer plausiblen Ursache für diesen Schmerz, denn eine körperliche Ursache konnte ausgeschlossen werden. Doch wie sehr er sich auch abmühte, er konnte den Schmerz keinem bestimmten Ereignis zuordnen, weder in der Vergangenheit noch in der Gegenwart. Typisch für seine Situation war, dass seine Verwirrung, Angst und Verkrampfung umso stärker wurden, je mehr er darüber nachsann.

In der traditionellen Psychotherapie hatte Walter Wichtiges über sein Verhalten gelernt – Voraussetzung, um mit seinen Depressionen klarzukommen, seine Probleme zu lösen und den Alltag zu meistern. Was er jedoch nicht gelernt hatte, war, wie er das Gute fördern und seine Lebenshaltung umwandeln konnte. Über den Ursprung des SEINs und wie er mit diesem in Kontakt treten könnte, darüber hatte er kein Wort gehört. Mit diesem Handicap fiel es ihm schwer, eine solide Lebensgrundlage zu schaffen.

In der Psychotherapie mit spiritueller Ausrichtung machte Walter zuerst eine Standortbestimmung, so wie sie weiter oben beschrieben ist. Dies verschaffte ihm Klarheit über den Stand seiner Entwicklung, über seine Stärken und Schwächen und darüber, welche Qualitäten und Fähigkeiten er benötigte, um loslassen und zurück in den Lebensfluss finden zu können. Deutlich stellte sich heraus, dass seine Haltung den anstehenden Problemen in keiner Weise gerecht wurde. Statt wie gewohnt den Schmerz möglichst schnell aus der Welt zu schaffen, wurde er ermutigt, diesem Raum zu geben. In dem Moment, wo er aufhörte etwas manipulieren oder verändern zu wollen, konnte er sich entspannen und geschehen lassen, was geschehen wollte. Infolge der allgemeinen Entkrampfung löste sich der stechende Schmerz in seiner Brust schließlich von selbst auf. Durch die Auseinandersetzung mit dem Schmerz fand Walter einen ganz neuen Zugang zu sich selber. Wie er dabei entdeckte, war der Schmerz ein Hilferuf seines Herzens, das unter der jahrelangen emotionalen Verschlossenheit und seelischen Verkrampfung litt und dabei war zu verhungern. In Form von Depressionen hatte sich sein Herz nach den Herbstferien zum ersten Mal bemerk gemacht. Obwohl die erste Therapie erfolgreich gewesen war und die Depressionen verschwunden waren, war dieser wichtige Aspekt, nämlich die Not des Herzens, ausgeklammert geblieben. Der tiefere Sinn des Schmerzes, der ungelebte Wunsch des Herzens nach

Öffnung, Raum und Anerkennung, hatte im vorgegebenen therapeutischen Rahmen weder erfasst noch befriedigt werden können.

Besonders anspruchsvoll gestaltete sich für Walter die Herausforderung, dem Guten zu vertrauen und sich von fixen Vorstellungen und Mythen, die er noch nie in Frage gestellt hatte, ein für alle Mal zu verabschieden. Irgendwann erkannte er auch, dass er sich vor lauter Agieren und Funktionieren verloren hatte. Statt die Gegenwart zu spüren, bestimmten sein Dasein unrealistische Erwartungen, das Hoffen auf bessere Zeiten sowie Befürchtungen ohne Ende. Je mehr Walter mit der spirituellen Sichtweise vertraut wurde, desto entspannter und offener fühlte er sich, was sich auch in einem geschickteren Umgang mit alltäglichen Herausforderungen zeigte. Über die Meditation und den Einbezug spiritueller Praktiken lernte Walter sich ein Gefäß zu schaffen, das es ihm ermöglichte, mit dem Leben zu fließen und seinem Herzen einen zentralen Platz einzuräumen.

Das SEIN erkennen, das ICH loslassen

In Walters Geschichte kommt zum Ausdruck, dass die Suche nach uns selber eine anspruchsvolle, vielschichtige Aufgabe darstellt. Wir müssen lernen, unsere Mythen, Lebensmuster und Erwartungen aufzudecken und loszulassen und stattdessen unmittelbar im Hier und Jetzt zu leben. Wir müssen üben, das Gute zu fördern und zum Zentrum unserer Lebenshaltung zu machen, und wir müssen uns trauen, dem Ego zu Leibe zu rücken, obschon oder gerade weil es uns als unsere vermeintliche Identität so nahe steht.

Eine der Hauptschwierigkeiten auf der Suche nach uns selber ist, dass wir uns selber Steine in den Weg legen. Vor lauter Festhalten und Abwehren, Absichern und Kämpfen, Urteilen und Abwägen verbrauchen wir einen Großteil der Energie, die wir für unsere Reise dringend bräuchten – ganz zu schweigen von der inneren Ruhe, um zu erkennen, was wir sind und was wir brauchen. Das ist, wie wenn man sich nachts in Stöckelschuhen auf eine anspruchsvolle Bergtour begibt, sich den Rucksack statt mit Proviant mit Steinen füllt und statt eines Eispickels einen Regenschirm mitnimmt: ein aussichtsloses Unterfangen. S.H. der Dalai Lama sagt, dass wir nebst einem gewissen Verständnis vom Leben eine innere Haltung der Wärme, Liebe und Gutherzigkeit brauchen, um uns für das SEIN zu öffnen.

Wenn wir den Alltag nicht als Hindernis, sondern als ein großartiges Übungsfeld betrachten, können wir alle Aspekte des Lebens willkommen heißen, wozu Störungen, Ängste und Schwierigkeiten ebenso gehören wie Freude, Friede und Glück. Nicht mehr darauf fixiert, alles unter Kontrolle zu haben und Negatives abwehren zu müssen, lösen sich auch unsere körperlichen Spannungen und der seelische Stress auf. Und wenn wir einmal gelernt haben, dass es nichts festzuhalten gibt, dann können wir uns für den Moment öffnen und die Gegenwart, so wie sie sich uns bietet, unmittelbar berühren. Was dann geschieht, ist eigentlich unvorstellbar: Wenn wir uns auf diese Weise öffnen, dann erfahren wir, was wir wirklich sind: Ganzheit, Vollkommenheit, Unendlichkeit, Leerheit, SEIN. Und das ICH hat sich aufgelöst.

6. Reise in die Ungewissheit

Einmal von der Beschäftigung mit Vergangenem und der Sorge um die Zukunft befreit, können wir das Leben in seiner Unmittelbarkeit erfahren: im Hier und Jetzt. Wenn wir entspannt mit dem Leben fließen, treten auch unsere Probleme in den Hintergrund, Ängste und Sorgen verlieren an Einfluss, und wenn wir schließlich auch noch dem Mythos der Unvollkommenheit abschwören, kann das Dasein neu erwachen. Diese neue Lebenshaltung bringt eine Veränderung des Blickwinkels mit sich, die auch unsere Wahrnehmung beeinflusst. Wenn wir durchlässig und offen sind, nehmen wir die Welt auf andere Weise wahr. In dieser Phase, in der unsere harte Schale aufbricht und wir mit dem SEIN in Kontakt treten, geschieht es häufig, dass wir tief greifende Erfahrungen machen. Wie staunende Kinder betreten wir mit offenen Sinnen und hellwachem Geist den Bereich, der jenseits des Verstandes liegt. Dass wir in diesem Bereich, in dem wir nicht mehr auf Vertrautes und Bekanntes zurückgreifen können, auf Phänomene stoßen, die uns möglicherweise verunsichern und ängstigen, liegt in der Natur der Sache. Doch da wir im Gegensatz zu früher nicht mehr primär damit beschäftigt sind, möglichst reibungslos zu funktionieren und uns nach allen Seiten abzusichern, können wir uns darauf vertrauensvoll einlassen. Denn intuitiv spüren wir, dass wir uns auf einem Weg befinden, der uns zurück zu uns selber führt.

Feuertaufe in Indien

Eines Morgens, ich lag noch im Bett, geschah etwas völlig Unerklärliches. In meinem Inneren gab es plötzlich einen Ruck. Dann öffnete sich eine Art Schleuse und eine kraftvolle Energie durchströmte meinen ganzen Körper. Nach einer Weile, die mir wie die Ewigkeit vorkam, bündelte sich diese Energie zu einem Strom, der in mein Herz eintrat und dort explodierte. Augenblicklich fiel alles Schwere, Negative und Beengende ab. Mein Herz erstrahlte in einer Klarheit und Helle, wie ich es so noch nie erlebte hatte. Endlich, so meine spontane Reaktion, hatte ich das gefunden, wonach ich mich stets gesehnt und was ich überall vergebens gesucht hatte: die Glückseligkeit. Doch leider währte dieser ekstatische Zustand nur kurz. In derselben überraschenden Weise, wie mein Herz erwacht war und die Fülle des SEINs mich erfasst hatte, löste sich alles wieder auf. Vergebens versuchte ich, das wunderbare Erlebnis festzuhalten.

In den Tagen danach fühlte ich mich sehr aufgewühlt und auch immer wieder niedergeschlagen. Als ich an spirituellen Kursen teilnahm und energetische Atemübungen ausführte, meine Chakras öffnete und mich mit dem Göttlichen zu vereinen suchte, spürte ich wenig und es geschah kaum etwas. Zu Hause in meinem Bett liegend und mich dem Nichtstun hingebend, schien dagegen plötzlich alles möglich. Obschon ich wusste, dass alles seine Richtigkeit hatte und ich nichts erzwingen konnte, verstand ich die Welt nicht mehr. Nacht für Nacht träumte ich von fürchterlichen Monstern, die mir bei lebendigem Leibe mein Herz aus der Brust rissen und es auffraßen. Nach einer Woche legte sich der Spuk langsam. Doch dann bemerkte ich eine schmerzhafte Veränderung in mir: Ich konnte mein Herz nicht mehr spüren. Da, wo ich stets mein Herz wahrgenommen hatte, klaffte nun ein faustgroßes, dunkles Loch. Anfangs versuchte ich mit meinem herzlosen Zustand zu leben und, obschon mir das Ganze äußerst seltsam vorkam, gelassen zu bleiben. Doch als sich in meiner Brust eine schmerzhafte Verkrampfung ausbreitete und ich mich immer matter und ausgelaugter fühlte, wurde mir die Sache langsam unheimlich. Im Laufe vieler Gespräche mit Berufskollegen, die mit veränderten Bewusstseinszuständen vertraut waren, wurde mir klar, dass ich mich in einem Übergang befand und dabei war, Neuland zu betreten. Einmal mehr hatte ich einen Punkt in meinem Leben erreicht, an dem ich auf das, was ich mir erworben hatte, nicht mehr zählen konnte. Um meinen Weg fortzusetzen, musste ich loslassen und, so schwer es mir fiel, den Sprung in die Ungewissheit wagen.

Irgendwann löste sich der körperliche Schmerz zu meiner großen Erleichterung zwar auf. Doch dafür tauchte eine intensive Sehnsucht auf, der Wunsch, mein Herz zu berühren und im Grunde des SEINs aufzugehen. Die Sehnsucht war so stark und manifestierte sich als hochpotente Energie, so dass mir deren Heftigkeit Angst machte. Ich musste dringend etwas unternehmen, und so wuchs in mir das Bedürfnis, Sathya Sai Baba wiederzusehen, dessen Begegnung in Indien drei Jahre zuvor mich absolut überwältigt hatte.

Sathya Sai Baba

Sathya Sai Baba gilt als Avatar, was in Sanskrit soviel bedeutet wie Inkarnation Gottes. Er wurde in Puttaparthi, im Hochland Südindiens geboren und wuchs in einfachen Verhältnissen auf. Erzogen wurde er in der hinduistischen Tradition. Sein Interesse für Spiritualität war bereits als Kind ausgeprägt. Man sagte, dass der Junge über ganz besondere Eigenschaften verfügte. Seine Mitmenschen beeindruckte er durch seine friedfertige Art und seine vielfältigen Talente, aber auch durch das Vollbringen kleiner Wunder. Im Alter von 14 Jahren verließ Sai Baba Familie und Schule und verkündete, dass er kein gewöhnlicher Junge sei, sondern geboren worden sei, um eine wichtige Aufgabe zu erfüllen. Obwohl er sich vom weltlichen Leben zurückgezogen hatte, verbreitete sich die Kunde über seine Wunderkräfte und seine besonderen spirituellen Gaben schnell im ganzen Land. Immer mehr Rat suchende Menschen fühlten sich von ihm angezogen und reisten oft von weit her zu ihm.

Mit Unterstützung einer rasch wachsenden Zahl von Anhängern baute Sai Baba einen kleinen Ashram auf. (Ein Ashram ist ein klosterähnlicher Ort, an dem sich spirituell Suchende aufhalten, die einem Lehrer, einem Heiligen oder einer bestimmten Lehrmeinung folgen.) Im Laufe der Jahre ist daraus ein großer Tempelkomplex mit unzähligen Haupt- und Nebengebäuden geworden. Sai Baba gibt Belehrungen zu religiösen Themen, führt Rituale durch und steht Notleidenden bei. Sein ausdrückliches Bestreben ist, Menschen auf ihrem Lebensweg zu begleiten und ihnen dabei zu helfen, ein friedfertiges, verantwortungsbewusstes Dasein zu führen. Obwohl in der Hindu-Tradition aufgewachsen, macht Sai Baba keinen Unterschied zwischen den verschiedenen Religionen und behandelt alle Menschen, ob Hindus, Christen, Juden, Moslems oder Buddhisten, gleich.

Ein weiteres Beispiel für seine grenzüberschreitende Nächstenliebe ist, dass er auch zwischen Kasten- und Rassenzugehörigkeit keinen Unterschied macht, was in Indien keineswegs selbstverständlich ist. Die Schulen und Spitäler, die er in den ärmsten Gegenden des Landes aufgebaut hat, stehen explizit allen Menschen offen, und zwar kostenlos. Zu den Eigenschaften und Qualitäten, die es nach Sai Baba zu entfalten und umzusetzen gilt, gehören Wahrheit (Sathya), rechtes Handeln (Dharma), Liebe (Prema), Friede (Shanti) und Gewaltlosigkeit (Ahimsa). (Mehr zum Leben von Sathya Sai Baba siehe *„Sai Baba – The ultimate Experience“* von Phyllis Kristal.)

Nun machte ich mich also erneut auf den Weg zu Sai Baba. Doch diese zweite Indienreise gestaltete sich ungemein schwieriger als die erste. Bei meiner Ankunft im Ashram herrschte nicht die beschauliche Atmosphäre, auf die ich mich gefreut hatte, sondern ein reges Treiben wie auf einem Jahrmarkt. Gegen vierzigtausend Menschen aus allen Teilen der Erde waren gekommen, um Shivaratri, ein Fest zu Ehren Shivas, zu feiern. Das Zusammenleben so vieler Menschen auf engstem Raum war sehr aufreibend. Ich war richtig enttäuscht. Unfähig, diese unangenehme Überraschung anzunehmen, begann ich zu hadern und mich zu verkrampfen. Ich war wütend, traurig und verzweifelt, fühlte mich in meinem Stolz verletzt und war abgrundtief einsam. Natürlich waren mir diese negativen Emotionen an diesem heiligen Ort, wo alle fröhlich und glücklich zu sein schienen, äußerst peinlich. Doch je mehr ich mich bemühte, diese Gefühle loszuwerden, umso stärker wurden sie. Als ich dann eines Morgens auch noch Fieber bekam, war ich völlig am Ende. Da ich fürchtete, an Malaria oder sonst etwas Schlimmem erkrankt zu sein, begab ich mich in die Tempelklinik. Völlig gelassen teilte mir der Arzt mit, dass das Auftreten der Hitze eine ganz natürliche Erscheinung sei, die viele Suchende hier durchleben würden. Denn das Fieber sei Teil des spirituellen Reinigungsprozesses und hänge unmittelbar mit der Gegenwart von Sai Baba zusammen.

Ehrlich gesagt, fiel es mir schwer, das zu glauben. Doch woher auch immer das Fieber kam, mit jedem neuen Tag, den ich im Ashram zubrachte, gelang es mir besser, meinen fiebrigen Zustand anzunehmen und zu entspannen. Immer häufiger erlebte ich die Momente des Glücks, der Besinnung und des Friedens, nach denen ich mich gesehnt hatte. Doch nach wie vor war da diese schmerzende Leere in der Brust, der eigentliche Grund meiner Reise. In der Hoffnung, in Sai Babas unmittelbarer Nähe mein Herz wiederzufinden, nahm ich regelmäßig an den Darshans teil. (Unter dem Begriff Darshan versteht man die Begegnung mit einem Heiligen, um seinen Segen zu empfangen.) Eines Morgens dann, ich saß in der ersten Reihe, schritt Sai Baba durch die Menge und geradewegs auf mich zu. Ich war überzeugt, dass er endlich meine innere Not erkannt hatte und mich von meinem herzlosen Zustand erlösen würde. Doch statt auf meiner Höhe innezuhalten, ging er an mir vorbei. Die Enttäuschung fuhr mir wie ein Dolchstoß durch die hohle Brust. Meine Welt und alles, woran ich glaubte, brach zusammen. Als ich mich von meinem Schock wieder etwas erholt hatte und aufblickte, stand Sai Baba vor mir und schaute mir direkt in die Augen. In diesem Moment, der mir vorkam wie die Ewigkeit, löste sich alles auf: Mein ICH, das mir immer wieder und in besonderem Maße in jener Zeit im Ashram in die Quere gekommen war, hörte auf zu existieren. Die mir vertraute Identität explodierte in tausend Stücke, um mit der Unendlichkeit zu verschmelzen. Endlich öffnete sich mir dieser Raum jenseits von Vorstellungen und Begriffen! Endlich konnte ich die leere Essenz berühren und im Einssein aufgehen! Im Anschluss an dieses überwältigende Erlebnis begann sich das Loch in meiner Brust langsam mit Wärme, Licht und Liebe aufzufüllen. Mein Herz erwachte zu neuem Leben und wurde zu einer kraftvollen Quelle der Inspiration, der Freude und des Glücks.

Das gute Herz

Die Erfahrung in Indien war für mich eine regelrechte Feuertaufe. Durch die Intensität der Erlebnisse und Gefühle an meine Grenzen gestoßen, war ich gezwungen, loszulassen und mich zu öffnen. Erst dann offenbarte sich mir der Blick in die Wirklichkeit jenseits des ICHs. Dadurch konnte ich schließlich erfahren, – was ich theoretisch zwar schon lange wusste, aber zwischen Theorie und Praxis ist ja bekanntlich ein weiter Weg – dass hinter allen Schmerzen, Ängsten und Problemen ein kostbarer Schatz verborgen liegt, nämlich das SEIN in seiner ganzen Tiefe und Fülle.

Dieser glückselige Zustand war mir übrigens nicht völlig neu, nur hatte ich ihn längst aus meinem Bewusstsein ausgeblendet. Wie in der Einleitung dieses Buches beschrieben, begegnete ich dieser Glückseligkeit jeweils als Kind, wenn ich mich an meinem Lieblingsplätzchen unweit unseres Hauses ins Gras legte. Dabei geschah es regelmäßig, dass sich in meinem Inneren etwas öffnete und sich mein Bewusstsein änderte. Mein Körper wurde dann riesengroß und dehnte sich unbegrenzt aus, um sich mit dem Himmel zu vereinen. Ich wurde von einer unbeschreiblichen Wärme, Leichtigkeit und Glückseligkeit erfüllt. In meiner kindlichen Intuition fühlte ich mich mit der ganzen Welt, ja sogar dem Göttlichen verbunden.

Als Erwachsene müssen wir ganz schön „arbeiten“, um dieses reine Glück wiederzufinden, das wir im Laufe unseres Älterwerdens mit Vorstellungen, Ängsten und Erwartungen und vor allem mit unserem ICH zugeschüttet haben. Wenn wir uns jedoch ganz bewusst für das Gute entscheiden, unsere sanftmütige, mitfühlende und klare Haltung pflegen, dann können wir die Kraft und die Weisheit unseres guten Herzens ins Zentrum rücken und so unser Leben transformieren. Die nachstehende Übung soll helfen, mit dem Herzen in Kontakt zu treten und mit seiner grundlegenden Natur vertraut zu werden:

Übung

Mache es dir in deiner gewohnten Meditationshaltung bequem. Atme einige Male tief ein und aus, entspanne dabei Körper und Geist. Verweile so lange, wie es dir nötig erscheint, in dieser Haltung der Absichtslosigkeit. Nun beginnst du über dein Herz zu meditieren. Dafür wählst du einen Gegenstand aus, der das Herz symbolisiert, z. B. eine goldene Kugel, und platziere ihn da, wo sich dein physisches Herz befindet. Lenke deine Achtsamkeit vollständig auf dieses Symbol, bis sich ein klarer, fester Bezug dazu und darüber ein stabiler Kontakt zu deinem Herzen entwickelt hat.

Wenn der Zugang zu deinem Herzen offen ist, gehe dazu über, dein Herz eingehend zu ergründen. Versuche seine Qualität zu erfahren und sein Wesen zu erforschen, ohne dabei etwas zu manipulieren. Vertraue auf deine Wahrnehmung und gib dich deinem Herzen voll und ganz hin. Erinnere dich immer wieder daran, dass sich dein Herz nur offenbaren kann, wenn du alle Vorstellungen und Erwartungen loslässt, dich der Stille hingibst und im Jetzt einkehrst.

Obwohl es mir möglich war, Grenzen zu überschreiten, mein Herz zu öffnen und dem SEIN zu begegnen, bin ich vor negativen Gefühlen, Widerständen und ganz alltäglichem Stress keineswegs gefeit. Nach wie vor habe ich mich mit Verwirrung, Angst, Ungeduld, Trauer und Wut auseinander zu setzen. Mal gelingt es mir besser, damit umzugehen, mal schlechter. Diese Erscheinungen sind ganz normal und gehören zu meinem Lebensweg. Doch statt zu versuchen, sie loszuwerden und gegen sie anzukämpfen, besteht meine Aufgabe darin zu lernen, allem Raum zu geben und alle Gefühle, Gedanken und Probleme, die mich täglich begleiten, dazu zu nutzen, um mehr über mich selber zu erfahren und diese für mein Erwachen zu nutzen.

Denkanstöße

- *Habe ich ganz bewusst ja zum SEIN gesagt oder treibe ich unentschlossen, abwartend und auf bessere Zeiten hoffend dahin?*
- *Wenn ich das Wort Herz höre, was genau empfinde und erlebe ich dabei?*
- *Bin ich mit meinem Herzen tatsächlich in Beziehung oder sind das, was ich damit verbinde, vor allem Begriffe und Vorstellungen?*
- *Was benötige ich, damit es mir möglich ist, diese essenzielle Quelle zu erwecken und sie in den Dienst meines Erwachens zu stellen?*

- *Was muss ich einleiten und umsetzen, damit das gute Herz zur Grundlage meines Alltags werden kann?*

Inspirierende Beispiele

Über ihre Seelenreise und die damit verbundenen Schwierigkeiten, Einsichten und Prüfungen haben Suchende unterschiedlichster Herkunft und Glaubensrichtung berichtet. Ihre Geschichten sollen uns ermutigen, unseren eigenen Weg zu gehen und das zu leben, was wir sind, und nicht das, was wir zu sein glauben. Nicht mehr einem ICH verhaftet, das es zu schützen und zu verteidigen gilt, führen diese Menschen ein Dasein in Harmonie und Frieden. Dies macht sie zu lebendigen Vorbildern, die uns darin bestärken, an das Gute in uns zu glauben und den Weg der Achtsamkeit und Offenheit voller Vertrauen zu gehen. In ihrer friedfertigen, gütigen Lebensart kommt zum Ausdruck, dass sie im reinen SEIN ruhen und sich in allem, was sie tun, auf die Kraft und die Weisheit des erwachten Herzens beziehen.

Da Avabasha – Lehrer der verrückten Weisheit

Der amerikanische Mystiker Da Avabasha oder Da Love-Ananda, wie er auch genannt wird, hat seine Reise des Erwachens schon früh begonnen. Obschon in gutbürgerlichen Verhältnissen, wo Spiritualität kein Thema war, aufgewachsen, habe er bereits als Kleinkind veränderte Bewusstseinszustände erlebt. So erinnert er sich noch ganz genau, wie ihm manchmal als kleiner Knirps plötzlich eine glückselige Energie vom Kopf ausgehend durch den ganzen Körper fuhr. Als er Jahre später als junger Mann diesem veränderten Bewusstseinszustand erneut begegnete, geriet er in große Not, denn der Energiestrom wurde von heftigen körperlichen Empfindungen und starken geistigen Wahrnehmungen begleitet. Nachdem ihm der konsultierte Psychiater auch nicht helfen konnte, zog er sich für längere Zeit aus dem weltlichen

Leben zurück, um sich in Stille und Einsamkeit ganz dem Prozess der Selbsterkenntnis hinzugeben. Die dabei gewonnenen Einsichten inspirierten ihn, seinen Weg durch yogische Praktiken weiterzugehen. Bald empfand er die Unterweisungen seines Lehrers in Kundalini Yoga jedoch als zu einschränkend, und so beschloss er, den Yoga-Meister Swami Baba Muktananda persönlich in Indien aufzusuchen. In dessen Ashram geschah es, dass sich Da Avabashas Bewusstsein öffnete und er in den ekstatischen Zustand des Samadhi eintauchte. (Samadhi bedeutet vollkommene meditative Sammlung, in der das Meditationsobjekt und der Meditierende als untrennbar erfahren werden. Die Aufspaltung in Subjekt, Objekt und Wahrnehmung, die Dualität, löst sich vollständig auf.)

Die verschiedenen Reisen nach Indien zu Swami Baba Muktananda halfen Da Avabasha, sein spirituelles Verständnis zu vertiefen und seine yogischen Kenntnisse zu festigen. Dennoch nahm sein spiritueller Weg eine plötzliche Wende, als er eines Tages während der Meditation eine kraftvolle Vision der Jungfrau Maria hatte. Er erkannte sie als Manifestation des kosmischen, weiblichen Prinzips (Shakti). Diese Erfahrung brachte ihn zur Einsicht, dass er jedes Anhaften an einen Lehrer vollständig aufzugeben hatte. Er verließ den Ashram von Swami Muktananda und folgte fortan der Vision der Jungfrau Maria. Die Präsenz des Shakti-Prinzips verwandelte Da Avabashas Identität dauerhaft. Von den Fesseln des Egos befreit, ging er im transzendenten Selbst auf, einem Zustand, den er „Ekstase der Spontaneität" nennt. Mit dem Eintreten in die Erleuchtung nahm seine Reise als spirituell Suchender ein Ende, nicht aber die Erleuchtung selber. Wie ihm später bewusst wurde, entwickelt sich der erleuchtete Zustand kontinuierlich weiter.

Selber sieht sich Da Avabasha als Sat-Guru, was so viel wie Herzmeister bedeutet. Seiner Ansicht nach besteht die zentrale Aufgabe, die wir auf dem spirituellen Pfad zu lösen haben, in der bewussten Auseinandersetzung mit der Art und Weise, wie wir die Beziehung zum Selbst, zum Göttlichen vermeiden. Dieser äußerst subtile Vorgang der Beziehungsverweigerung manifestiere sich als Selbstverkrampfung, die uns von der Wahrheit abschirmt. Da Avabasha sieht darin die

Hauptursache unseres Leidens. Über die Rolle des spirituellen Lehrers sagt Da Avabasha, dass es seine Aufgabe sei, die Machenschaften und Strategien des Egos aufzudecken, das ständig neue Schutzmauern errichtet, um sein Überleben zu sichern.

In seinem Buch „Das Knie des Lauschens“ zeichnet er seinen Weg des Erwachens nach. Sein Erfahrungsbericht als spirituell Suchender, der ihn sehr lebendig und menschlich erscheinen lässt, schafft eine Brücke zur eigenen Situation. Als besonders wertvoll erachte ich seine Erläuterungen zum Thema „Vermeiden von Beziehung“ – ein grundlegendes Thema, das aber häufig übersehen wird. Indem er auf die Gefahren des Kontaktverlustes hinweist und die subtilen Mechanismen des denkenden Geistes aufdeckt, welche in die Selbstverkrampfung führen, rückt er diesen wichtigen Aspekt ins Zentrum der Aufmerksamkeit.

Sri Ramana Maharshi – Der Weise vom Berg Arunachala

Zu den bedeutendsten spirituellen Meistern der Neuzeit zählt der indische Heilige Sri Ramana Maharshi, der von 1879 bis 1950 lebte. Venkataraman, wie er mit bürgerlichem Name hieß, wuchs als einfacher Junge in Südindien auf. Der Schule brachte er herzlich wenig Interesse entgegen, doch dank seiner Intelligenz und seines außerordentlichen Gedächtnisses schaffte er die Anforderungen dennoch. Es gab nichts, das in irgendeiner Weise auf seine besonderen spirituellen Begabungen, geschweige denn auf sein zukünftiges Leben als Heiliger hingedeutet hätte. Doch als Venkataraman sechzehn Jahre alt war, veränderte sich sein Leben von einer Minute auf die nächste. Venkataraman saß zu Hause und arbeitete lustlos an seinen Schulaufgaben. Plötzlich überkam ihn eine jähe Todesangst. Überzeugt, sterben zu müssen, legte er sich auf den Fußboden und horchte in sich hinein. Da hatte er eine Eingabe: Er erkannte, dass ja nur sein Körper sterben, das SELBST dagegen fortbestehen würde. Er gelangte ferner zur Erkenntnis, dass das SELBST, das weder geboren wurde noch jemals sterben wird, unser wahrer Seinszustand ist. Für Venkataraman war das Ganze nicht etwa ein intellektueller Vorgang, vielmehr geschah dieser radikale Bewusstseinswandel völlig spontan und ohne sein Zutun. Venkataraman hatte in den Zustand des leuchtenden SEINs gefunden und nahm für immer Abschied von der Welt des ICHs und ging ins Samadhi ein. Dieses tief greifende Erlebnis behielt Venkataraman vorerst für sich. Als es für ihn jedoch immer schwieriger wurde, wie ein normaler Schuljunge zu leben, beschloss er, von zu Hause wegzuziehen, und ließ sich am heiligen Berg Arunachala in Südindien nieder, wo er zurückgezogen und in äußerster Bescheidenheit lebte und meditierte.

Nachdem er mehrere Jahre auf dem Arunachala verbracht hatte, begannen spirituell Suchende und Pilger, von seiner friedvollen, gütigen Ausstrahlung angezogen, ihn aufzusuchen. Obwohl er die meiste Zeit mit Schweigen verbrachte, hielt er immer wieder auch Belehrungen zu Themen wie Tod und Wiedergeburt, Welt und Gott, ICH und SELBST ab. So wurde der Weise vom Arunachala, wie Sri Ramana Maharshi genannt wird, im Laufe seines Lebens zu einem der bekanntesten und meist verehrten Heiligen Indiens. Um ihn herum bildete sich eine Gemeinschaft von treuen Anhängern, und viele tausend Menschen aus der ganzen Welt suchten seinen Ashram auf, um in seiner Anwesenheit Frieden zu erfahren oder seinen Rat einzuholen. In seinem Ashram legte Sri Ramana Maharshi großen Wert auf eine einfache, bescheidene Lebensweise. Obwohl er als lebender Gott angesehen und als Heiliger verehrt wurde, verzichtete er auf jede Art von Spezialbehandlung. Legendär waren sein Sinn für Gerechtigkeit und seine respektvolle Haltung allen Geschöpfen gegenüber. Mit Tieren und Pflanzen ging er genauso liebevoll um wie mit Menschen. Am 14. April 1950 verließ Sri Ramana Maharshi seinen Körper. Bevor er starb versicherte er seinen trauernden Anhängern, dass er nirgendwohin gehe und diesem heiligen Ort, dem Arunachala, für immer treu bleibe.

Ein zentrales Anliegen, auf das Sri Ramana Maharshi seine Zuhörer immer wieder hinwies, ist die große Bedeutung der Stille und der schweigenden Kraft, für ihn der direkteste Zugang, um das reine SEIN zu erfahren. Gemäß Sri Ramana Maharshi gibt es Leid und Not nur so lange, wie wir uns in einer bestimmten Form sehen und an Konzepten oder Vorstellungen festhalten. Entsprechend den persönlichen Neigungen und der Reife des Suchenden gibt es verschiedene Pfade, um aus dem Schlaf der Unwissenheit zu erwachen und zur Freiheit und letztendlichen Wahrheit zu gelangen: die Gottesverehrung (Bhakti), die Selbsterkenntnis (Jnana), die Vereinigung (Yoga) oder die Meditation (Dhyana). Alle Wege haben die Erforschung des Bewusstseins und das Erkennen des reinen SEINs zum Ziel. Nach Sri Ramana Maharshi ist es uns deshalb verwehrt, Glück und Frieden zu finden, weil wir den Kontakt zum Grund des SEINs, dem universellen, ungeborenen SELBST, verloren haben. Stattdessen identifizieren wir uns ausschließlich mit dem Körper und dem ICH. Unser Getrenntsein vom SEIN hat ferner eine dualistische Sicht der Dinge zur Folge, die die Welt aufspaltet in einen Seher, ein Gesehenes und ein Sehen. Folgen wir dem Pfad der Selbstergründung, gelangen wir zur Einsicht, dass wir weder der Verstand noch der Körper sind, mit dem wir uns identifizieren, und dass es auch sonst nicht die leiseste Spur einer ICH-Haftigkeit gibt. Sri Ramana Maharshis Anweisungen bestehen im Aufdecken dieser grundlegenden Täuschung. Um das ewig-gegenwärtige SELBST zu erfahren, bedarf es weder einer besonderen Anstrengung noch irgendeiner Manipulation, denn es ist immer in uns existent, nur sind wir uns dessen nicht bewusst. Bei der praktischen Umsetzung der Selbstergründung erforscht man alle auftauchenden Erscheinungen, indem man sich fragt: „Wem kommen diese Gedanken?“, „Wem kommen diese Emotionen?“ etc.

Sri Ramana Maharshis Erläuterungen sind unter anderem darum so wertvoll, weil sie weder an bestimmte Glaubenssätze noch an spirituelle Dogmen gebunden sind und somit Menschen unterschiedlichster religiöser oder weltanschaulicher Überzeugung offen stehen. Seine Ausführungen darüber, wer wir sind, stellen eine unerschöpfliche Quelle der Inspiration und Weisheit dar, seine Beschreibungen über den Pfad der Selbstergründung bestechen durch ihre Direktheit und Klarheit. Sri Ramana Maharshis umfassende Sichtweise vom SEIN lässt keinen Zweifel offen: Hier spricht jemand, der die Freiheit, nach der wir alle suchen, erlangt und die Wahrheit, die es zu leben gilt, erkannt hat.

Mata Amritanandamayi – Mutter der unsterblichen Glückseligkeit

Wenn zu den herausragenden Merkmalen erwachter Menschen gehört, dass sie Glück, Mitgefühl und Liebe ausstrahlen, angesichts widriger Umstände gelassen bleiben und sie ihr Leben voll und ganz in den Dienst ihrer Mitmenschen gestellt haben, dann gilt das in ganz besonderem Maße für Mata Amritanandamayi. Nicht umsonst wird diese zeitgenössische spirituelle Meisterin von ihren Anhängern Amma also Mutter genannt. Anders als die meisten spirituellen Lehrerinnen und Lehrer ist ihr Umgang mit ihren Anhängern ausgesprochen herzlich. Alle, die es wünschen, nimmt sie liebevoll in die Arme, sie scheint nicht müde zu werden, Geborgenheit und Trost zu spenden. Eindrucksvoll an Amma ist ihre charismatische, warmherzige Erscheinung und ihre außerordentliche Zugänglichkeit.

Mata Amritanandamayi ist als Kind einfacher Fischersleute im südindischen Kerala aufgewachsen. Schon früh zeigten sich ihre spirituellen Fähigkeiten. Bemerkenswert an ihrer Geschichte ist, dass sie ihrer Berufung alleine gefolgt ist – ohne Begleitung eines Gurus und den Demütigungen seitens ihrer Familie zum Trotz. Ihr Werdegang war geprägt durch eine bemerkenswerte Selbstdisziplin sowie eine brennende Sehnsucht nach der göttlichen, universellen Mutter, von der sie auch die Kraft bezog, ihren Pfad fortzusetzen. Ganz bewusst entschied sie sich für ein Leben der Selbstlosigkeit und der Gottesanbetung. Als Mata Amritanandamayi zweiundzwanzig war, wurde sie von ersten Anhängern aufgesucht. Wenig später entstand der erste Ashram, im Laufe der Jahre sind weitere im In- und Ausland hinzugekommen. Mata Amritanandamayi bereist heute die ganze Welt. Ihre Nächstenliebe zeigt sich nicht nur im direkten Kontakt mit spirituell Suchenden, sondern auch in verschiedenen karitativen Einrichtungen wie Schulen, Waisenhäusern und Spitälern, die durch ihr Engagement aufgebaut werden konnten.

Die Gegenwart weiser Menschen tut unserer Seele darum so gut, weil es uns, berührt von deren erleuchtetem Geiste, leicht fällt, loszulassen und – wenn auch nur vorübergehend – alles Enge und Zwanghafte abzulegen. Schon oft habe ich erfahren, wie sich geistige Rastlosigkeit, aber auch emotionale Probleme in der Gegenwart spiritueller Lehrer vollständig auflösen können. In der solchen Begegnungen eigenen warmherzigen, friedvollen Atmosphäre ist es möglich, eine andere Wirklichkeit als die uns vertraute zu erfahren. Dabei kann es geschehen, dass das Bollwerk des ICHs aufbricht und sich uns das gute Herz offenbart. Die schöpferische Energie, die sich dabei entfaltet, erinnert mich immer wieder an Naturerlebnisse, etwa wenn ein wolkenverhangener Himmel plötzlich aufreißt und die Sonne in ihrer ganzen Kraft erstrahlt und alles wie rein gewaschen und neu erscheinen lässt.

7. Am Leben wachsen

Solange wir atmen und unser Körper unser Zuhause ist, erleben wir Schönes und Hässliches, Leichtes und Schweres, Inspirierendes und Deprimierendes. Dass wir mit Erfahrungen aller Schattierungen konfrontiert werden, ist Teil unserer menschlichen Wirklichkeit. Wenn wir das erkennen und uns nicht gegen das Auf und Ab, die Wogen des Lebens, wehren, können wir uns den Herausforderungen entspannt stellen. Dann brauchen wir uns über die kleinen alltäglichen Unannehmlichkeiten auch nicht zu ärgern, sondern können sie gelassen hinnehmen. Und vor allem: Dann können wir im Kleinen das Große erkennen. Der Alltag ist dafür ein perfektes Übungsfeld. Nach den Worten des vietnamesischen Zen-Meisters Thich Nhat Hanh befinden wir uns dann auf dem Pfad des Erwachens, wenn wir in jedem Gegenstand das unendliche Weltall erblicken und in jeder Person, der wir begegnen, uns selber erkennen.

Obwohl die Umsetzung dieser Sichtweise nicht einfach ist, gerade wenn wir mitten im Sturm stehen und von Kopf bis Fuß durchnässt sind, dürfen wir das Vertrauen keinesfalls verlieren und müssen unseren Kurs zuversichtlich beibehalten. Bleiben wir standfest und mit uns selber verbunden, wird uns klar, wie Schwierigkeiten uns zur Besinnung bringen, denn sie werfen uns auf uns selber zurück. Mehr noch: Weil Schwierigkeiten das Potenzial zur Erneuerung in sich tragen, sind sie für unsere persönliche Entwicklung äußerst wichtig und somit maßgeblich an unserem Selbstheilungsprozess beteiligt. Wenn wir das einmal begriffen haben, geschieht etwas Entscheidendes: Von Ängsten und Zwängen befreit, können wir loslassen und das SEIN, so wie es sich im Hier und Jetzt manifestiert, erfahren. Uns auf die Kraft und die Weisheit des guten Herzen beziehend, wissen wir, dass alles, so wie es ist, seine Richtigkeit besitzt und dass letztlich alles mit allem verbunden und Ausdruck der Wahrheit ist, die es zu leben gilt.

Wir haben uns zu entscheiden

Wenn wir unser Dasein verändern und unser Potenzial erwecken möchten, müssen wir uns ganz grundsätzliche Gedanken zum Leben machen. Denn es ist nicht so, wie viele Menschen hoffen, dass irgendwelche verborgenen Mächte uns den Weg weisen und himmlische Gefährten es für uns richten werden. Diese naive Einstellung ist weit verbreitet und entspringt falschen Heilserwartungen. Obschon wir unser Schicksal nicht auswählen können und mit Vorkommnissen konfrontiert werden, die uns ganz und gar nicht behagen, haben wir uns dennoch zu entscheiden. Zu entscheiden, ob wir für unser Leben Sorge tragen, wie wir unsere Probleme bewältigen und schließlich, wie wir leben wollen. Denn wenn wir uns nicht entscheiden – und das ist der springende Punkt –, dann entscheiden Unwissenheit und Ängste für uns. Und genau dieser Nichtentscheid führt dazu, dass wir uns selber verlieren, dass wir nie erfahren, wer wir sind und was wir brauchen, um glücklich zu sein. Leider, so meine Erfahrung, sind wir oft erst dann bereit, unsere Lebensweise zu hinterfragen und nach Alternativen zu suchen, wenn eine Krise unser Leben erschüttert und uns nicht mehr wie gewohnt weiter funktionieren lässt. Ob unser Weg nun der buddhistischen, christlichen, schamanistischen oder einer ganz anderen Richtung folgt und ob wir zum Schluss gekommen sind, diesen Pfad alleine oder zusammen mit einem Lehrer zu gehen, ist sekundär. Worauf es ankommt, ist, dass wir in uns hineingehorcht und dann einen bewussten Entscheid gefällt haben.

Auch ich hatte mich mit der Frage auseinander zu setzen, was ich denn für meine persönliche Entwicklung und mein Seelenheil brauchte. Treibende Kraft auf meiner Suche war der starke Wunsch nach einer umfassenden, tiefgründigen Sichtweise, die mir ermöglichte, Schwierigkeiten zu transformieren, mit dem Leben zu fließen und mich im SEIN zu verankern. Obwohl ich klare Vorstellungen hatte, wusste ich vorerst nicht, welche spirituelle Tradition für mich die geeignete war. Ich fühlte mich vom tibetischen Buddhismus angezogen. Die einfühlsame Art und die Klarheit faszinierten mich. Ich begann an Retreats (Klausuren) teilzunehmen. Bei einem Vortrag lernte ich dann meinen jetzigen Lehrer Jigmed Palden Rinpoche kennen.

Jigmed Palden Rinpoche

Jigmed Palden Rinpoche wurde 1936 in Tibet geboren. Rinpoche ist übrigens ein Ehrentitel und bedeutet „Kostbarer". Seine spirituelle Ausbildung begann er im Alter von acht Jahren im Kloster von Kham Rewoche in Osttibet. Der Mahamudra Tradition (Großes Siegel oder vollkommene Erleuchtung) folgend, erhielt er bedeutsame Unterweisungen und grundlegende Ermächtigungen von seinem Hauptlehrmeister, S. H. dem sechzehnten Gyalwa Karmapa. Nach einer abenteuerlichen Flucht aus Tibet im Jahre 1962 ließ sich Jigmed Palden Rinpoche in Nepal nieder. Auf Rat seines Lehrers verbrachte er insgesamt acht Jahre im Retreat. Unter der Leitung großer Meister wie S. H. Dilgo Khyentse Rinpoche und Tulku Urgen Rinpoche war es ihm möglich, sein Wissen kontinuierlich zu vertiefen und einen hohen Seinszustand zu erlangen. Heute lebt Jigmed Palden Rinpoche mit seiner Familie in der Schweiz. Regelmäßig reist er nach Indien, Nepal, Indonesien und Tibet, um seine Schülerinnen und Schüler zu besuchen, Belehrungen abzuhalten, sich um seine Projekte, wozu der Aufbau und Unterhalt von Klöstern gehört, zu kümmern, aber auch, um selber in Klausur zu gehen. Jigmed Palden Rinpoches Anliegen ist es, dass möglichst viele Menschen, egal welcher Herkunft und Zugehörigkeit, von der Weisheit und dem Verständnis der Lehre Buddhas profitieren können, um Erfüllung und Frieden in ihrem Dasein zu finden.

Denkanstöße:

- *Für welchen Weg oder welche Lebensweise habe ich mich entschieden?*
- *Was sind die Konsequenzen meiner Entscheidung für meine körperlich-geistige Gesundheit und meine seelisch-spirituelle Entwicklung?*
- *Hilft mir die eingeschlagene Richtung, Probleme zu bewältigen, den Frieden, die Freude und das Glück zur Grundlage zu machen und mit dem Wesen des SEINs vertraut zu werden?*
- *Wenn nicht, überdenke deinen Entscheid und frage dich, was du ändern musst, damit du einen Pfad einschlagen kannst, der dich zurück in den Fluss des Lebens führt.*

Sich auf den Weg machen

Wenn wir uns einmal über die Route im Klaren sind, beginnt die nächste Phase unserer Reise: Wir müssen die Koffer packen. Was benötigen wir auf unserer Reise? Welche Werkzeuge müssen wir mitnehmen, beispielsweise um Schwierigkeiten zu bewältigen? Und was lassen wir am besten zurück? (Natürlich das ICH, unsere Vorstellungen und Ängste und Fixiertheit aufs Negative.) Das Kofferpacken muss aber gut durchdacht sein. Das heißt, wir dürfen uns nicht aufs Geratewohl mit irgendwelchen verheißungsvollen Praktiken für Körper, Seele und Geist begnügen und dabei hoffen, dass wir damit irgendwie durchkommen, stattdessen aber das Wesentliche vergessen. Es ist wichtig, dass wir unsere Reiseplanung ernst nehmen und uns ein fundiertes Wissen aneignen, das uns, einer Landkarte gleich, eine sichere Orientierung vermittelt.

Um mit dem Wesen des SEINs vertraut zu werden, müssen wir uns noch einmal die beiden Bewusstseinsebenen – die relative und die absolute – ins Gedächtnis rufen. Natürlich sind diese beiden Ebenen untrennbar miteinander verbunden, dennoch ist es hilfreich, sich noch einmal jede einzeln zu vergegenwärtigen: Auf der relativen Ebene spielen sich unsere Emotionen, Gedanken und Probleme ab. Auch unser Selbstbild, die damit verbundenen Lebensstrategien und Grundmuster sowie alte Verletzungen und unbewältigte Vorkommnisse gehören zu diesem Teil. Die relative Ebene ist das Terrain der klassischen Psychotherapie. Die absolute Ebene hingegen liegt jenseits der begrifflichen Welt. Mit dieser Ebene beschäftigt sich die Spiritualität. Die absolute Ebene hat das reine SEIN, die leere Essenz, das SELBST oder das Göttliche zum Inhalt. Auch die uns innewohnende unerschöpfliche Quelle, unser grenzenloses Potenzial oder das gute Herz gehören in diesen Bereich.

Nun dürfen wir aber nicht in der Theorie stecken bleiben und uns vom angehäuften Wissen satt zurücklehnen. Unsere Erkenntnisse sind nur dann von Wert, wenn wir sie im Alltag umsetzen. Der Alltag mit seinen dunklen und hellen Seiten ist unser Übungsfeld, da können wir unsere neu gewonnenen Qualitäten festigen und unser Verständnis vom SEIN vertiefen. Es genügt nicht, im stillen Kämmerlein zu sitzen, stundenlang zu meditieren und für sich selber eine heile Welt zu schaffen, in der wir nicht gestört werden. Unser offener, mutiger und klarer Geist, der durch die Meditationspraxis erwacht, braucht die Reibung mit der Außenwelt. Nur so können wir am Leben wirklich wachsen.

Die richtige Haltung ist der halbe Weg

Sich auf den Weg machen ist aber mehr als nur eine Art geistige Fitnessübung, die wir nebenbei schnell erledigen, um in Schwung zu bleiben. Der Weg des Erwachens bedingt eine bestimmte Lebenshaltung. Zu dieser Haltung gehören folgende Eigenschaften, die es zu entwickeln und im Alltag zu leben gilt: Geduld, Achtsamkeit, regelmäßiges Üben und Sicherinnern.

- *Geduld: In einem netten Lokal mit angenehmer Atmosphäre und ausreichender Lektüre sind wir die Geduld in Person und können es gelassen hinnehmen, wenn die Person, mit der wir verabredet sind, unpünktlich ist. Doch wenn wir auf einem windigen Bahnsteig stehen und sich der Zug verspätet, ist unsere Geduld schon nach wenigen Minuten aufgebraucht. Wahre Geduld ist, wenn wir auch unter schwierigen Umständen nicht ungehalten oder gar aggressiv werden. Üben wir uns in Geduld, gelingt es uns besser, angesichts von Schwierigkeiten Gelassenheit zu bewahren, bei uns selber zu bleiben und uns im Jetzt zu verwurzeln – wichtige Voraussetzungen, wenn wir für unser Leben Sorge tragen wollen.*

- *Achtsamkeit: Eine große Unbekannte für viele, ganz einfach, weil wir noch nie darauf geachtet haben. Unachtsamkeit ist uns schon eher ein Begriff; wir verlegen Schlüssel, lassen den Toast anbrennen, vergessen Termine. Wir sind halt schusselig, weil wir so beschäftigt sind. Achtsamkeit hingegen bedeutet, einer Sache volle Aufmerksamkeit zukommen zu lassen. Wenn wir Zeitung lesen, lesen wir Zeitung, wenn wir Kaffee trinken, trinken wir Kaffee, und wenn wir die Nachrichten hören wollen, dann hören wir die Nachrichten. Nur das eine, dafür voll konzentriert. Wer achtsam ist, erlebt die*

Welt viel intensiver und ist – mindestens – ebenso effizient wie die fleißigen Schussel unserer Zeit.

- *Regelmäßiges Üben: Bei vielen von uns löst allein schon dieser Begriff Unlust aus, weckt er in uns doch Assoziationen mit Schulaufgaben, Flötenunterricht und anderen unangenehmen Jugenderfahrungen, die von Pflicht, Druck und Langeweile geprägt waren. Vielen Menschen fällt es darum äußerst schwer, sich für den Erwerb neuer Fähigkeiten zu motivieren. Das Fehlen einer entspannten Lernkultur, die sich durch Freude und Neugierde auszeichnet, ist ein großes Hindernis, das wir aber unbedingt überwinden sollten. Wollen wir Meisterschaft im Leben erlangen, müssen wir die Übungen regelmäßig machen. Bestimmt werden wir dabei die Lust am Lernen neu entdecken.*

- *Sich erinnern: Damit ist nicht nur (aber auch) das Gegenteil von der oben beschriebenen fahrigen Vergesslichkeit gemeint. Viel mehr ist das Sicherinnern ein Gegenmittel gegen die weit verbreitete Amnesie, die sich einstellt, wenn wir uns von Lebensmustern und Gewohnheiten statt von der Weisheit unseres Herzens leiten lassen. Wir können unsere Erfahrungen nur dann nutzen, wenn wir uns ans Wesentliche, ans Essenzielle erinnern. Wenn wir das Grundlegende stets präsent haben, können wir eine solide, gesunde Lebensbasis schaffen.*

Mit diesen Eigenschaften stets im Hinterkopf werden wir unseren Weg sicheren Schrittes gehen. Das Nichtwissen um die Bedeutung dieser Eigenschaften hingegen ist mit ein Grund, weshalb viele Suchende nach dem Schwinden der anfänglichen Euphorie angesichts erster Hindernisse den spirituellen Pfad entmutigt verlassen und die Reise des Erwachens abbrechen.

Ein Tagesprogramm

Um die oben beschriebenen Eigenschaften zu verinnerlichen – schließlich sollen sie unser Fühlen, Denken und Handeln umwandeln –, müssen wir sie in unsere tägliche spirituelle Praxis integrieren. Dass es ohne diese Regelmäßigkeit nicht geht, lässt sich einfach erklären: Wenn es uns gut geht, haben wir keinen Anlass, unser Leben zu hinterfragen, geschweige denn, uns eine gewisse Übungsdisziplin aufzuerlegen. Geht es uns hingegen nicht so gut, dann fehlt uns die Energie für Neues und wir verschieben das Vorhaben auf bessere Tage. Damit wir nicht in unseren guten Absichten stecken bleiben, ist es wichtig, mit Vereinbarungen zu arbeiten. Diese vereinbarte Zeit ist heilig und sollte nicht gebrochen werden. Dann lieber keine Vereinbarungen treffen als solche, die nicht eingehalten werden. Wenn diese Übungen einmal wie das Zähneputzen zum festen Bestandteil unseres Tagesprogramms geworden sind, dann schwinden auch unsere Widerstände gegen das Üben.

Als Einstieg nimm dir vor, täglich zehn Minuten zu meditieren. Das reicht für den Anfang, später kannst du die Zeit ausdehnen und in die Praxis andere Übungen wie beispielsweise Visualisationen oder Tonglen integrieren. Keinesfalls aber darfst du dir zu Beginn zu viel vornehmen. Es ist vorteilhaft, morgens gleich nach dem Aufstehen zu üben. Dann ist der Geist noch frisch und klar und steht noch nicht unter den Eindrücken des Tages. Wenn das nicht möglich ist, nimm dir abends Zeit. Nimm dir jeden Tag eine der neun grundlegenden Qualitäten vor und meditiere darüber. Zum Abschluss der Meditationssitzung kannst du einen kurzen Text lesen, um das Erlebte zu vertiefen und das neu gewonnene Wissen in den Alltag mitzunehmen. Erinnere dich während des Tages immer wieder an die Meditation und an den offenen, freudvollen Zustand, den dein Geist dabei erlebt hat. Du kannst diesen Tagesplan nach deinen Bedürfnissen und Möglichkeiten auch ausweiten und zusätzlich tagsüber eine kurze Meditationspause einschalten. Indem du dich ans Wesentliche erinnerst, kannst du den Stress loslassen, den Geist entspannen und mit frischen Kräften wieder ans Werk gehen.

Richte dir für deine täglichen Übungen einen Platz ein, leg Sitzkissen aus, häng Bilder auf, die für dich für Raum und Weite stehen, kurz: Schaffe eine inspirierende Atmosphäre, in der du leicht Stille und Friede finden kannst. Du kannst diesen Platz auch mit einem kleinen Altar ausstatten, auf dem du Dinge aufstellst, die dir helfen zu entspannen und die dich einladen, im Hier und Jetzt einzukehren.

Denkanstöße:

- *Welche der oben beschriebenen Eigenschaften bereiten mir Mühe und welche habe ich nicht oder zu wenig entwickelt?*
- *Untersuche ich meine momentane Lebenssituation, welche Eigenschaften muss ich im Interesse meiner spirituellen Entwicklung fördern?*

Die heilende Kraft des Mitgefühls

Eine Qualität, von der im vorliegenden Buch schon öfter die Rede war, ist Mitgefühl. Alle großen spirituellen Meister bezeichnen Mitgefühl und die damit verbundene Herzenswärme für unsere persönliche Entwicklung, ja sogar für unser generelles Wohlbefinden als unentbehrlich. Dass eine mitfühlende Haltung tatsächlich unseren Gesamtzustand positiv beeinflusst, können wir am eigenen Leib erfahren, wenn wir uns Zeit nehmen, unser Mitgefühl zu pflegen, indem wir regelmäßig über Mitgefühl kontemplieren. Eine mitfühlende Haltung macht uns durchlässiger, weicher. Diese allgemeine Entkrampfung ermöglicht es, auch körperlich zu entspannen. Verhärtungen, die zu Kopfschmerzen und Migräne, aber auch zu Störungen im Wärmehaushalt geführt haben, können sich auf diese Weise auflösen. Auch auf der emotionalen Ebene tut uns eine mitfühlende Haltung nur gut. Störungen wie Ängste und Depressionen sowie Probleme mit dem Selbstwert, die ja letztlich Folgen unserer ICH-Bezogenheit sind, treten mehr und mehr in den Hintergrund.

Doch was ist dieses Wunderheilmittel Mitgefühl genau? Viele Menschen glauben, nicht genügend Mitgefühl zu besitzen. Dabei ist Mitgefühl etwas Grundlegendes, das wir alle in uns tragen und das es zu erwecken und zu pflegen gilt. Vielleicht entspringt dieser Mythos des fehlenden Mitgefühls auch dem weit verbreiteten Missverständnis, wonach Mitleid und Mitgefühl ein und dasselbe sind. Tatsache ist, dass Mitleid immer eine Distanz zum Leidenden beinhaltet, während im Mitgefühl diese Distanz aufgehoben ist. Oder anders ausgedrückt:

Wenn wir mit einem Kranken Mitleid haben, sind wir zwar bestrebt, ihn zu trösten und ihm Gutes zu tun, sind aber gleichzeitig heilfroh, dass es nicht uns selber erwischt hat. Haben wir aber Mitgefühl, leiden wir genau so, als wären wir selber krank. Masochismus? Keineswegs. In der Haltung des Mitgefühls manifestiert sich der Grundsatz des SEINs, wonach wir Teil des Ganzen sind und das Ganze in uns ist. Nach den Worten von Pema Chödrön entspringt wahres Mitgefühl nicht dem Wunsch, anderen zu helfen, denen es schlechter geht als uns selber, sondern der Erkenntnis, dass wir mit jedem und allem verbunden sind und alle im gleichen Boot sitzen.

Das Thema Mitgefühl kommt im Film „Das Wissen vom Heilen" des Schweizer Regisseurs Franz Reichle (1996) auf eindrucksvolle Weise zum Ausdruck. Besonders berührt hat mich die Szene der Begegnung zwischen einer tibetischen Nonne und Tenzin Chedrak, dem ehemaligen Leibarzt des Dalai Lama. Die schwer gezeichnete Nonne sucht Doktor Chedrak auf, weil sie unter seelischen und körperlichen Spätfolgen der während der chinesischen Gefangenschaft erlittenen Gewalt und sexuellen Missbrauchs leidet. Während die Nonne mit schwacher Stimme über ihr Schicksal spricht, sitzt der Arzt nur da. Er versucht sie weder zu beruhigen, noch erteilt er irgendwelche Ratschläge. Er hält ihre Hand und Tränen des Mitgefühls laufen ihm übers Gesicht.

Weil im Mitgefühl die Grenzen zwischen Ich und Du aufgehoben sind, ist Mitgefühl der Schlüssel zur Offenheit, zum ursprünglichen Raum der Stille und Leerheit. Losgelöst von jeder Art von Identität und ebenso frei von Vergangenheit und Zukunft, bewegt sich das Dasein schwerelos, eingebunden in die universelle Gesamtheit im Hier und Jetzt. Diesen glückseligen Zustand können wir immer wieder erfahren, beispielsweise wenn wir nach einer anstrengenden Wanderung auf dem Gipfel eines Berges stehen, überwältigt vom grandiosen Panorama. Da wird der denkende Geist, der beim Aufstieg noch schwer gearbeitet hat, still. Ängste und Probleme, die uns im Tal unten beschäftigten, erscheinen plötzlich nichtig. Nicht deshalb, weil wir auf dem Gipfel von plötzlichem Größenwahn befallen werden, sondern weil wir in solchen Momenten spüren, dass alles zusammengehört – wir eins sind mit Bergen und dem Universum.

Denkanstöße:

- *Was verstehe ich unter dem Begriff Mitgefühl?*
- *In welchen Situationen und unter welchen Umständen spüre ich Mitgefühl?*
- *Wie äußert sich dieses?*
- *Welchen Stellenwert hat Mitgefühl in meinem Leben?*

Sich der Welt der Dämonen öffnen

Nun steigen wir aber irgendwann wieder vom Berg hinunter ins Tal, und da werden wir auch schon von unseren altbekannten kleinen und großen Dämonen erwartet werden: Eifersucht, Habgier, Neid, Maßlosigkeit, Kleinherzigkeit, Schadenfreude, Gewalt, Hass und wie sie alle heißen. Nun haben wir aber auf dem Berg, als wir dort gestanden und den Überblick gehabt haben, erkannt, dass die schlimmen Fratzen, mit denen uns unsere Teufelchen Angst machen wollen, nur Masken sind. Als Erscheinungen entlarvt schmilzt deren Macht dahin wie Bergschnee in der Frühlingssonne.

Machen wir Mitgefühl zu einem wichtigen Bestandteil unserer Lebenshaltung, können wir dessen transzendente Kraft nutzen. Wenn wir wirklich spüren, dass alles Teil eines grandiosen Werkes ist, auch das, was wir gewöhnlich als negativ klassifizieren, dann müssen wir nicht mehr gegen unsere Dämonen ankämpfen, sondern können ihnen entspannt begegnen. Denn in einem offenen, weiten Geist, der sich auf Mitgefühl bezieht, hat alles Platz, und es gibt nichts, das bekämpft oder ausgemerzt werden müsste. Das Dämonische und Böse hat denselben Ursprung wie das Göttliche und Schöne, denn alles – ob hell oder dunkel, positiv oder negativ, himmlisch oder diabolisch – ist Ausdruck der höchsten Wahrheit, die wir alle in uns tragen. Wie wir allerdings diese Wahrheit erfahren, hängt nicht von der Wahrheit selber ab, sondern einzig von unserer Sichtweise. Mit einer mitfühlenden, großzügigen Haltung können wir uns vorbehaltlos für alles öffnen, was uns das Leben bietet, ohne uns dauernd von unseren Abneigungen und

Vorlieben leiten zu lassen. Wenn wir geschehen lassen, was geschehen will, werden wir überrascht feststellen, dass uns die kleinen Dämonen gar nicht auffressen. Das Einzige, das Schaden nehmen kann, ist unser Ego, das aufzugeben ja unsere Aufgabe ist.

Übung

Mach es dir in der gewohnten Meditationshaltung bequem. Atme einige Male tief ein und aus und entspanne dabei Körper und Geist. Nun öffne dich für alles, was dir unangenehm, böse oder gar dämonisch erscheint. Bleib dabei offen, konzentriere dich auf dein Mitgefühl und beobachte dabei, was sich in deinem Geist abspielt, wenn du dich mit angstbesetzten Themen befasst. Untersuche auch, wer es ist, der Angst hat und sich dagegen sperrt, das Dunkle und Finstere willkommen zu heißen. Wiederhole diese Übung so oft, bis du, von ihrer Wirkungsweise angetan, in der Lage bist, allen Dingen des Alltags und allen geistigen Erscheinungen offen und vorurteilsfrei zu begegnen.

Abschied von meiner Mutter

Eine einschneidende Erfahrung, bei der ich sehr auf die Probe gestellt wurde und sich meine spirituelle Praxis als wichtige Stütze erwies, war das Sterben meiner Mutter vor gut fünf Jahren. Meine Mutter, damals über achtzig Jahre alt, befand sich bis kurz vor ihrem Tod sowohl physisch wie auch geistig in guter Verfassung, bis bei einer medizinischen Routineuntersuchung auf dem rechten Lungenflügel ein kleiner Schatten entdeckt wurde. Der darauf folgende operative Eingriff bestätigte den Verdacht auf Lungenkrebs.

Die Operation selber kostete meine Mutter sehr viel Kraft und Substanz. Nach drei Tagen auf der Intensivstation bekam sie eine Lungenentzündung, die sich der medikamentösen Behandlung widersetzte. Was ihr nebst den körperlichen Beschwerden zu schaffen machte, waren die seelischen Auswirkungen des Eingriffs. Sie, die sich immer gesund gefühlt hatte und noch nie wirklich krank gewesen war, ging davon aus, dass sie das Spital schon bald wieder verlassen könnte. Als sie umgeben von Hightechmaschinen auf der Intensivstation erwachte und realisierte, wie geschwächt sie war, wurde ihr jäh bewusst, worauf sie sich mit der Operation eingelassen hatte und dass sie diesen Ort wohl nicht so schnell wieder verlassen würde.

Mir war völlig klar, wie meiner Mutter zu Mute war. Ich wollte einfach für sie da sein. Fast täglich besuchte ich sie. Wenn ich jetzt an die Zeit, die ich mit meiner Mutter im Spital verbracht habe, zurückdenke, erinnere ich mich vor allem an ein Zusammensein von unbeschreiblicher Tiefe und Dichte. Zwischen uns entstand eine äußerst entspannte und offene Atmosphäre. Wir konnten über alles reden; über ihr Leben und meine Zukunft, über die Ungewissheit des Daseins und die Allgegenwart des Todes, vor dem sie sich, wie sie wiederholt betonte, nicht fürchtete. Doch manchmal waren auch gar keine Worte nötig, um uns nahe zu sein. Oft saß ich einfach neben ihr, hielt ihre Hand und meditierte. Häufig wandte ich die an anderer Stelle beschriebene Tonglen-Praxis an. Natürlich fiel es mir auch nicht immer leicht, für ihre seelische Not und ihre körperlichen Beschwerden offen zu sein, auch wurde ich immer wieder von heftigen Gefühlen wie Trauer, Schmerz, Angst und Verzweiflung überwältigt. Doch das Tonglen half mir, in dieser Phase des Überganges loszulassen und meinen denkenden Geist zu entspannen. Mit jedem Besuch bei meiner Mutter wurde die Ruhe in mir tiefer. Angesichts der Weite und Wärme, die sich in mir ausbreitete, verloren die negativen Emotionen an Macht und Einfluss und ich konnte die Situation, in der sich mein Mutter befand, annehmen. Mein Mitgefühl ihr gegenüber gewann an Raum und ich empfand für sie eine tiefe Dankbarkeit. Mir wurde bewusst, dass sie es war, die es mir durch ihre ungeteilte Fürsorge und ihr beherztes Engagement ermöglichte, Mensch zu werden und Mensch zu sein. Der Kreis war dabei, sich zu schließen.

Nach dreißig Tagen auf der Intensivstation verbesserte sich der Zustand meiner Mutter und sie wurde auf die normale Abteilung verlegt. Groß war unsere Hoffnung, dass ihr inniger Wunsch, Großmutter zu werden, doch noch in Erfüllung ging, denn meine Partnerin war zu der Zeit schwanger. Doch ihr Leben folgte einer anderen Bestimmung.

Meine Mutter starb drei Tage nach der Verlegung. Obschon es mir schwer fiel, sie gehen zu lassen, bin ich für die innige Zeit, die ich mit ihr verbringen durfte, zutiefst dankbar.

Vom ICH zum SEIN

Innehalten. Sich aufs Wesentliche besinnen. Mensch sein. Loslassen. Den denkenden Geist entspannen. Dem Mythos des Negativen abschwören. Das ICH verabschieden. Sich öffnen. Mit dem Leben fließen. Sein. – Alles, was wir brauchen, um Erfüllung, Frieden und Glück zu erfahren, liegt in uns selber. Ein ungeheurer Schatz, der jedem von uns jederzeit zur Verfügung steht. Beherzigen wir dieses Wissen und setzen es voller Vertrauen im Alltag um, lösen sich Projektionen und Feindbilder, Störungen und Ängste, Hoffnungen und Befürchtungen auf, die uns unter Dauerspannung gehalten und so viel Stress verursacht haben. Diese neue Freiheit lässt uns etwas für unsere spirituelle Entwicklung Grundlegendes erkennen: dass der Denker denkt, der Verstand versteht, der Handelnde handelt, die Sprache spricht und der Sucher sucht. Was aber bleibt übrig, wenn wir all diese Rollen und Funktionen, an die wir uns so gerne klammern, aufgeben, genauso wie unsere vermeintliche Identität? Nur Raum, Mitgefühl, Weisheit, Glück, Leerheit und Liebe. Wir werden auch erkennen, dass die Wahrheit, die alles hervorbringt und alles ermöglicht, weder Objekt noch Subjekt, weder Trennung noch Einsamkeit, weder Ich noch Du kennt, sondern nur Fluss, Verbundenheit, Unendlichkeit und SEIN. Und dass es diese Wahrheit hier und jetzt zu leben gilt.

Von der Begegnung mit dem SEIN tief berührt, verspürte ich den tiefen Wunsch, das Unbegreifliche zu beschreiben:

Sei weder dies, noch sei das! Sei einfach, sei nichts, sei alles – ein Niemand. Sei ohne etwas und sei mit allem, aber sei! Suche weder Befreiung in der Zukunft, noch erhoffe Antworten aus der Vergangenheit. Lass zu, dass alles vergeht, alles stirbt und nichts übrig bleibt. Schaff Platz, damit das ICH zusammenbricht, und vertraue darauf, dass das

SEIN hervortritt. Aus der Stille der unendlichen Offenheit und dem Raum des grenzenlosen Mitgefühls erhebt sich, von der Kraft der Freude, der Weisheit und der Liebe getragen, Niemand aus der Asche des heiligen Feuers, um in der Wahrheit geboren zu werden und für immer frei zu sein.

Wenn wir unser gutes Herz öffnen und das Leben wagen, folgen wir dem Pfad der Weisen dieser Welt. Dann beginnen wir zu verstehen, was sie meinen, wenn sie vom Absoluten, dem Göttlichen, der Wahrheit, dem All-Einssein, der leeren Essenz sprechen. Wir beginnen zu begreifen, was es heißt, ohne Wenn und Aber zu leben und die Gegenwart, das SEIN, ganz und gar anzunehmen. Je mehr wir entspannen und in die Stille hineinhorchen, desto reicher wird unser Dasein und desto tiefer unser Wissen darüber, was ist und was immer sein wird. Wie der amerikanische Meditationslehrer Stephen Levin dies prägnant ausgedrückt hat, wurde der, der wir sind, nie geboren, noch wird dieser jemals sterben. Um zu werden, was wir sind, müssen wir das, was wir zu sein glauben, loslassen und uns dem hingeben, was ist. In diesem Sinne wünsche ich allen eine gute Reise!

Literaturverzeichnis

Akong Rinpoche: *Den Tiger zähmen*. Zürich: Theseus Verlag, 1993.

Chödrön, Pema: *Beginne, wo du bist.* Braunschweig: Aurum Verlag, 1994.

Chödrön, Pema: *Wenn alles zusammenbricht*. Hamburg: Hoffmann und Campe, 1998.

Chödrön, Pema: *Tonglen*. Freiamt: Arbor Verlag, 2001.

Chögyam *Trungpa Rinpoche: Spirituellen Materialismus durchschneiden*. Zürich: Theseus Verlag, 1989.

Chögyam Trungpa Rinpoche: *Das Buch vom meditativen Leben*. Reinbek: Rowohlt, 1991.

Da Love-Ananda: *Das Knie des Lauschens*. Amsterdam: The Dawn Horse Press, 1972.

Feuerstein, George: *Heilige Narren*. Frankfurt am Main: W. Krüger Verlag, 1996.

Grof, Ch. u. S. (Hrsg.): *Spirituelle Krisen*. München: Kösel Verlag, 1990.

Grof, Ch. u. S: *Die stürmische Suche nach dem Selbst*. München: Kösel Verlag, 1991.

Kalu Rinpoche: *Geflüsterte Weisheit*. Frankfurt: Krüger Verlag, 1997.

Krystal, Phyllis: *Sai Baba – The ultimate Experience*. Prasanthi Nilayam: Sathya Sai Baba Books and Publications, 1985.

Lama Gendün Rinpoche: *Der große Pfau*. Zürich: Theseus Verlag, 1993.

Lama Gendün Rinpoche: *Herzensunterweisungen eines Mahamudra-Meisters*. Berlin: Theseus Verlag, 1999.

Lama Thubten Yeshe: *Wege zur Glückseligkeit*. München: Diamant Verlag, 1988.

Lama Thubten Yeshe: *Inneres Feuer*. München: Diamant Verlag, 1999.

Levine, Stephen: *Wer stirbt?* Bielefeld: Context Verlag, 1982.

Maharshi, Ramana: *Gespräche des Weisen vom Berg Arunachala*. Interlaken: Ansata Verlag, 1984.

Maharshi, Ramana: *Die Suche nach dem Selbst*. Interlaken: Ansata Verlag, 1985.

Maharshi, Ramana: *Sei, was du bist!* München: Scherz Verlag, 1993.

Mata Amritanandamayi: *Mutter der unsterblichen Glückseligkeit*. Interlaken: Ansata Verlag, 1989.

Reichle, Franz: *Das Wissen vom Heilen*. Produktion T&C Film AG Zürich, 1997.

Ruch, Hanspeter: *Unsere Geschichte – unser Potential*. Petersberg: Verlag Via Nova, 2001.

Scharfetter, Christian: *Der spirituelle Weg und seine Gefahren*. Stuttgart: F. Enke Verlag, 1992.

Segal, Suzanne: *Kollision mit der Unendlichkeit*. Bielefeld: Context Verlag, 1997.

Sharamon, S. und B. J. Baginski: *Das Chakrahandbuch*. Durach: Windpferdverlag, 1988.

S. H. Dalai Lama: *Logik der Liebe*. München: Goldmann, 1989.

S. H. Dalai Lama: *Das Buch der Freiheit*. Frankfurt: Bastei-Lübbe, 1990.

Sogyal Rinpoche: *Das tibetische Buch vom Leben und vom Sterben*. München: O. W. Barth, 1993.

Sogyal Rinpoche: *Vier grundlegende Texte zur Meditation*. Berlin: Rigpa Publikationen, 1990.

Suzuki, Shunryu: *Zen-Geist Anfänger-Geist*. Zürich: Theseus Verlag, 1993.

Thich Nhat Hanh: *Das Wunder der Achtsamkeit*. Zürich: Theseus-Verlag, 1988.

Vaughan, Frances: *Heilung aus dem Innern*. Reinbek: Rowohlt, 1993.

Walsh, R. und F. Vaughan (Hrsg.): *Psychologie in der Wende*. Zürich: Buchclub Ex Libris, 1986.

Wilber, Ken: *Wege zum Selbst*. München: Kösel, 1984.

Wilber, Ken: *Das Spektrum des Bewusstseins*. München: Scherz Verlag, 1987.

Weitere Bücher aus dem Verlag Via Nova:

Unsere Geschichte – unser Potential

Wir vorgeburtliche Erlebnisse und Geburt unser Leben prägen

Hanspeter Ruch

Hardcover, 200 Seiten – ISBN 3-928632-89-2

Die Wurzeln emotionaler Probleme reichen häufig nicht nur in die Kindheit, sondern viel weiter zurück zu den Anfängen unseres Werdens: zur Geburt und in die vorgeburtliche Zeit. Das vorliegende Buch bringt Licht in diesen entscheidenden Lebensbereich, der von der Psychologie bisher fast vollständig ausgeblendet wurde. Entgegen der gängigen Auffassung sind wir vom Moment der Zeugung an fühlende Wesen. Das bedeutet, dass wir bereits im Mutterleib wahrnahmen, ob wir geliebt oder abgelehnt wurden. Unsere Geburt erlebten wir hautnah, mit allen Gefühlen und Empfindungen. Nie wieder in unserem Leben sind wir so empfänglich und so sensibel, wie wir das in dieser ersten Phase unseres Seins waren. Wie wichtig und prägend der erste Abschnitt unserer Geschichte für unsere Entwicklung, für unsere psychische und körperliche Gesundheit ist, und wie die dabei entstandenen störenden Grundmuster geheilt werden können, wird in diesem Buch beschrieben.

Die Kunst des Augenblicks

Ein Leitfaden zur Persönlichkeitsentwicklung

Guido Kientopf

Paperback, 296 Seiten – ISBN 3-86616-009-7

Viele Menschen möchten ihr Leben nicht einfach so dahinleben, sie wollen es sinnvoll gestalten, sie wollen, dass ihr Leben gelingt. Die *Kunst des Augenblicks* ist ein ausgewogener Leitfaden, der aufzeigt, welche Wege zu einem gelingenden Leben führen. Auf diesem Weg zählen aber nicht nur Erfolg und Reichtum, universale Werte wie Liebe oder Mitgefühl gehören dazu. Sie bilden hierfür sogar die Grundlage. In diesem Zusammenhang ergänzt der Autor Wissenschaftliches mit Religion und mit Spiritualität. Dieses Buch hilft also dabei, unsere ursprüngliche Ganzheit wieder zu entdecken, und zeigt, dass Spiritualität und Wissenschaft hierbei nicht im Gegensatz zueinander stehen. Die *Kunst des Augenblicks* vereint somit alle wichtigen Aspekte, die eine Rolle spielen, wenn wir uns auf die wunderbare Reise der Persönlichkeitsentwicklung begeben. Als Ergebnis werden wir vermehrt im Augenblick verweilen, was nichts anders bedeutet, als Sinn und Glück zu erleben.

Grundwissen der Familienpsychologie

Ganzheitliche Psychologie hilft Familienleben zu verstehen und zu verbessern

Stefan Schmitz

Paperback, 288 Seiten – ISBN 3-86616-001-1

Dieses Buch verbindet die klassischen Erkenntnisse der Tiefenpsychologie mit den modernen Einsichten der Systemtheorie und ermöglicht dadurch eine ganzheitliche Sicht der Familienpsychologie. Aus dieser Sicht heraus sind die Mitglieder einer Familie individuelle Personen und doch zugleich in das System ihrer Familie eingebunden. Dieses System bildet dabei außerdem für die einzelnen Familienmitglieder auch noch eine Art emotionales Kraftfeld. Sowohl aus diesem Kraftfeld heraus wie auch aus dem je eigenen Unbewussten wirken nun vielerlei Faktoren auf das Erleben und Verhalten der einzelnen Familienmitglieder, die oft positive, oft aber auch negative Auswirkungen haben. Die Erkenntnisse und Einsichten aus diesem Buch helfen dem Leser dabei, jene Faktoren zu durchschauen, sich von ihren negativen Auswirkungen zu befreien, die positiven Auswirkungen zu stärken – und damit das eigene Familienleben grundlegend zu verbessern.

Erfolg kommt von innen

Chuck Spezzano

Hardcover, 240 Seiten – ISBN 3-86616-019-4

Das neue Buch des bekannten Lebenslehrers Chuck Spezzano ist von wegweisender Bedeutung für alle Menschen, die ihr Leben erfolgreich gestalten wollen. Anders als viele andere Bücher, die das Thema „Erfolg im Leben" aus einer äußeren Sichtweise behandeln, schlägt Dr. Spezzano seinen Lesern vor, mit der machtvollen Kraft ihres Geistes und ihres Herzens von innen heraus zu Erfolg und Fülle zu gelangen. Auf seine typische, unnachahmlich humorvolle Art legt er dar, welche Schwierigkeiten die Menschen daran hindern, wirklich erfolgreich zu sein, und welche Strategien dem Einzelnen zur Verfügung stehen, um diese Schwierigkeiten zu überwinden. In 100 in sich abgeschlossenen Lektionen erfährt der Leser nicht nur, wie er die Probleme, die seinen Erfolg behindern, erfolgreich heilen und transformieren kann. In die einzelnen Kapitel integrierte praktische Übungen ermöglichen es ihm außerdem, die gewonnenen Erkenntnisse mühelos in den Alltag zu transportieren.

Dynamische Aufstellungen

Heilung durch die Macht der Liebe

Peter Reiter

Hardcover, 216 Seiten – ISBN 3-86616-008-9

„Dynamische Aufstellungen" sind ein neues und geradezu sensationell wirkungsvolles Heilverfahren, das Elemente von Mystik und Spiritualität mit moderner Psychologie verbindet. Hier werden nicht mehr wie beim Familienstellen die beteiligten Personen, sondern vor allem die Emotionen und Energien des zu heilenden Konflikts aufgestellt und geheilt. Ein weiteres wesentliches Element ist die Ausrichtung auf die göttliche Liebesenergie und die dem Menschen innewohnende geistige Kraft, die durch die Intelligenz und Ganzheit des Geistes die Konflikte auf der Ursachenebene wieder in den Fluss bringt und empirisch nachvollziehbar hier oft Wunder wirkt. Dr. Peter Reiter hat mit diesem weltweit ersten Grundlagenwerk einen Leitfaden für Heilungssuchende geschaffen, mit dem der Leser Schritt für Schritt in diese zukunftsweisende Heil-Methode eingeführt wird. Zugleich bietet es fundierte Einblicke in die Wirkungsweise, die Hintergründe sowie die Umsetzung in der Praxis und ist somit eine unabdingbare Orientierungshilfe für Klienten und Therapeuten.

Aus der Weisheit des Herzens leben

Eine praktische Anleitung für das innere Wachstum der Liebe

Joyce und Barry Vissel

Paperback, 272 Seiten – ISBN 3-86616-025-9

Für viele Paare bedeutet eine Beziehung eine Welle frischverliebter Seligkeit, gefolgt von Schwierigkeiten und Enttäuschungen und schließlich einer Trennung. Mit 35 Jahren Ehe und 25 Jahren klinischer Erfahrung im Rücken haben die beiden Bestseller-Autoren Joyce und Barry Vissell Hunderten von Menschen dabei geholfen, diesen Zyklus fehlgeschlagener Beziehungen zu durchbrechen, indem sie ihnen zeigen, dass eine Beziehung eine Möglichkeit ist, als Individuum zu wachsen – sich tief nicht nur mit einem anderen Menschen zu verbinden, sondern auch mit seinem eigenen Herzen. Sie werden lernen: wie Sie einen echten Lebensgefährten finden, die wichtigsten Zutaten zu jeder Beziehung, warum so viele Leute sich vor Intimität fürchten wie Sie Eifersucht, Kritik und Beschuldigen in Wachstum verwandeln können, warum „Nein"-Sagen ein fundamentaler Schritt ist, lieben zu lernen, wie Sie eine blockierte sexuelle Beziehung heilen können und vieles mehr.

Berühren heißt leben

Warum wir ohne menschliche Nähe und Zuneigung nicht leben können

Mariana Caplan

Paperback, 248 Seiten – ISBN 3-86616-007-0

„Wir leiden unter einem Mangel an Berührung.“ Diese Aussage steht am Beginn des Buches. Mit großem Engagement und tiefem Einfühlungsvermögen begibt sich die Autorin auf die Suche nach den Ursachen für diesen Berührungsmangel und nach Wegen, die wir gehen können, um diesen Mangel zu beheben. Sehr anschaulich und stets wissenschaftlich fundiert erläutert sie, wie wichtig liebevolle Berührung für alle Menschen und in allen Lebensbereichen ist. Berührung bringt uns anderen Menschen und auch unserem eigenen Menschsein näher, geht aber weit über rein körperliche Berührung hinaus: Wir berühren einander auch durch Freundschaft, durch liebevollen Umgang miteinander, durch spirituelle Gemeinschaft und durch unsere gemeinsame Liebe zu Gott. Der weltberühmte Anthropologe Ashley Montagu sagt in seinem Vorwort zu diesem Buch: „Mariana Caplan behandelt praktisch alle wichtigen menschlichen Bedürfnisse, und dies in einer sehr offenen und einfachen Sprache, die sowohl das Herz als auch den Verstand berührt.“

Das Geheimnis der richtigen Schwingung

Anleitung für ein wunder-volles Leben

Jill Möbius

Hardcover, 232 Seiten – ISBN 3-86616-000-3

Alles, so die Autorin, ist eine Frage von Schwingung und Resonanz. Auf fundierte und leicht verständliche Weise vermittelt dieses Buch, wie das Resonanzprinzip als grundlegendes Gesetz unsere Realität, unseren Körper und unser Schicksal prägt – und wie wir dieses Wissen spielerisch nutzen können, um ein erfülltes und erfolgreiches Leben zu gestalten:

- Wie es wirkungsvoll gelingt, die Realität im Voraus so zu programmieren, dass sich Wünsche erfüllen und sogar Wunder möglich werden,
- wie man effektive, kraftvolle Wege der Selbstheilung nutzt, um Gesundheit, Jugendlichkeit und Vitalität zu steigern,
- wie man inneren Frieden findet und es schafft, in jeder Situation in sich selbst zu ruhen,
- wie man seine Schöpferkraft wirksam einsetzt, um eine friedvolle globale Zukunft mit zu erschaffen.

Viele wirkungsvolle Übungen ermöglichen die direkte Umsetzung der Erkenntnisse im Alltag. Ein unterhaltsames, praxisnahes Handbuch zur Steigerung des Bewusstseins, der Lebensfreude und Lebensqualität.

Die 7 Lebens-Fragen

Anleitung zur Führung des Unternehmens „Ich“

Gion Chresta

Paperback, 224 Seiten, 12 Grafiken – ISBN 3-936486-79-4

Mangel an positiver Führung kann man nicht nur in Wirtschaft und Politik sehen, sondern auch in der Schwierigkeit vieler Menschen, sich selbst zu führen. Sie tun sich schwer mit den widerstreitenden Kräften in der eigenen Persönlichkeit, denn sie haben ihr inneres Potenzial noch zu wenig entwickelt, ihre Ausrichtung noch nicht wirklich erkannt, ihre Ganzheit noch nicht gefunden. Die 7 Lebens-Fragen, auf denen dieses Buch aufgebaut ist, bilden das grundlegende Werkzeug-Set zum Erlernen von Selbstführung. Sie fokussieren auf das Wesentliche im Leben jedes Menschen: Was will ich wirklich? Wozu bin ich hier? Was erfüllt mich zutiefst mit Freude? u.a.m. Ihre Handhabung wird klar und verständlich erläutert und mit vielen konkreten Übungsvorschlägen praktisch erfahrbar gemacht. Daraus kann jeder seine persönliche Lebens-Strategie formen. Sie verleiht dem eigenen Lebensweg Tiefe und Sinn und eröffnet ihm zugleich eine Fülle von neuen Handlungsmöglichkeiten im beruflichen und privaten Bereich.

Glücklichsein in jeder Lebenssituation

So werden Sie Ihr eigener Glücks- & Erfolgscoach

Andreas Nemeth

Paperback, 172 Seiten – ISBN 3-86616-002-X

Mit diesem Buch ist es Andreas Nemeth gelungen, einen Weg zu zeigen, in jeder Lebenssituation glücklich zu leben. Statt sich weiter wie ein Hamster im Hamsterrad zu drehen, erfahren Sie in diesem Buch, wie ein ganz bestimmter Mechanismus uns davon abhält, das wahre Ziel aller Menschen zu erreichen. In nur vier Schritten und mit einem kleinen Trainingsprogramm erfährt der Leser, wie er sich den Traum von einem glücklichen und erfolgreichen Leben selbst erfüllen kann. Persönliche Probleme werden unter einem völlig neuen Aspekt beleuchtet, so dass sie letztlich ebenfalls zum persönlichen Glück beitragen. Wer dieses Buch gelesen hat, lernt einfach und sofort umsetzbar Mechanismen und Verhaltensmuster zu beseitigen, die das Glücklichsein behindern, so dass er mit großer Freude sein Leben glücklich und erfolgreich gestalten kann.

Das Paradies ist in dir

Der Weisheit des Körpers vertrauen – Lebensfreude durch Aktivierung der Körperintelligenz

Maruscha Magyarosy

Paperback, 280 Seiten, 60 Grafiken – ISBN 3-936486-77-8

Nie zuvor war uns der Körper so wichtig wie heute. Wir trimmen ihn, stylen ihn, probieren Diäten aus.... Doch hören wir auch auf seine Stimme? Wie der Körper seine eigene Weisheit und Intelligenz aktivieren und entfalten kann, zeigt uns das leicht anwendbare und äußerst effektive Körper-, Atem- und Bewusstseinstraining der bekannten Autorin Maruscha Magyarosy.

Der Körper wird als Manifestation der höchsten Schöpferkraft zum weisen Ratgeber für ein gesundes, glückliches, erfolgreiches und erleuchtetes Leben, wenn wir auf seine Stimme hören und seiner Weisheit und Intelligenz lauschen.

Aus dem Inhalt: Hineinspüren in den Körper – die Energie wieder fließen lassen; den Atem als Puls des Lebens erfahren; durch Harmonisierung der Gehirnhälften die Vitalenergie steigern; die Kraft des Gedankens, die Macht des Wortes und die Magie der Vorstellung erleben; das verlorene Paradies im eigenen Herzen wiederfinden.

24 Stunden luzid träumen

Techniken, um den nichtdualistischen träumenden Hintergrund der Alltagsrealität wahrzunehmen

Arnold Mindell

Paperback, 274 Seiten, 52 Graphiken – ISBN 3-936486-03-4

In seinem neuesten Buch *„24 Stunden luzid träumen“* zeigt der innovative Psychotherapeut und spirituelle Lehrer Arnold Mindell zum ersten Mal auf, wie man in die Welt des Träumens eintritt, jene Welt, aus der die sichtbare Realität hervorgeht. Greift man Ereignisse, die die eigene Aufmerksamkeit erregen wie beispielsweise Körpersymptome, Beziehungsmomente, spontane Gedanken und Phantasien auf und entfaltet deren Signale mit Hilfe der Methode des 24 Stunden luziden Träumens, tritt man vollkommen wach in die nichtdualistische Welt des Träumens ein und lernt deren Botschaften zu verstehen und in die Alltagswelt einzubringen. Die Praxis des 24 Stunden luziden Träumens hilft bei der Lösung persönlicher, körperlicher oder emotionaler Probleme. Sie hilft bei der Lösung von Konflikten in Beziehungen, Familien, Großgruppen, Unternehmen und sogar in der Politik.